LA PLUS QUE VIVE

CHRISTIAN BOBIN

LA PLUS QUE VIVE by Christian Bobin

Copyright © Éditions Gallimard, Paris, 1996
Korean Translation Copyright © 1984Books, 2021 All Right Reserved
This Korean edition was published by arrangement with SIBYLLE Agency

이 책의 한국어판 저작권은 시빌 에이전시를 통해 Gallimard와 독점 계약한
1984Books가 소유합니다. 저작권법에 의하여 한국 내에서 보호를 받는
저작물이므로 무단 전재 및 복제를 금합니다.

그리움의 정원에서

크리스티앙 보뱅 | 김도연 옮김

1984BOOKS

이 작품의 오리지널판은

순수 라나 독피지에 51부를 인쇄하여

1부터 51까지 번호를 매겼다.

삶과 마찬가지로 죽음 또한 자신만의 간주곡과 계절을 지니고 성장해 간다. 오늘, 우리는 봄의 문턱에 있다. 내일이면 라일락과 벚꽃이 축제를 벌일 것이다. 지슬렌, 너를 보기 위해 네가 죽기 전으로 돌아간다면, ― 하지만 너는 언제나 그 이전, 그 앞에 있었다. 그러니 돌아간다는 건 적당한 단어가 아니다. ― 소나기를 맞으며 눈부시게 웃음 짓던 생기 가득한 너를 볼 수 있으리라. 그리운 너의 미소. 우리는 그리움 속에서 시들어 가고, 그 안에서 켜켜이 쌓이는 삶을 깨닫기도 한다.

네가 죽은 후 찾아온 가을과 겨울에 나는 너를 위해 이 작은 글의 정원을 정성스레 가꾸었다. 정원에는 노래와 이야기로 만든 두 개의 문이 있다. 노래는 나의 것이나 이야기는 내 것이 아니다. 나는 다만 이야기를 들려주는 자일뿐. 그 이야기를 너의 아이들, 천국의 새이자 너의 영원한 생명인 가엘, 엘렌, 클레망스에게 바친다. 이 책의 영토를 마음껏 밟으며, 누구의 것도 아닌 빛, 네가 온전히 섬겼던 빛을 활짝 누리도록 그들을 초대한다.

그날 저물 때에 제자들에게 이르시되,
'저편으로 건너가자' 하시니.

— 마가복음 4장 35절

- 본문에 실린 각주는 모두 옮긴이 주이다.
- 단행본은 『 』로, 단편은 「 」로, 음악과 영화, 그림 제목은 〈 〉로 표기하였다.

네 죽음은 내 안의 모든 걸 산산이 부서뜨렸다.

마음만 남기고.

네가 만들었던 나의 마음. 사라진 네 두 손으로 여전히 빚고 있고, 사라진 네 목소리로 잠잠해지고, 사라진 네 웃음으로 환히 켜지는 마음을.

사랑한다. 그것 외에 무슨 말을 쓸 수 있을까. 써야 할 문장은 이뿐인데. 이 문장을 쓰도록 알려준 사람은 너였다. 놀라울 정도로 느긋하게 가방을 싸거나 집을 정리하던 너처럼 음절 하나하나를 떼어 한없이 느리게, 수백 년의 시간이 흐를 만큼 느리게 천천히 말해야 한다는 걸 알려준 사람은 바로 너였다. 너는 내가 한 번도 만나보지 못한 가장 느긋한 여인이었다. 가장 느렸고 가장 빨랐던 여인. 44년의 네 생애는 단숨에 어둠에 삼켜진 느릿느릿한 섬광처럼 사라져 버렸다.

사랑한다. 수백 년 동안 언급되어도 모자란 가장 신비스러운 이 말. 입술을 달싹여 내뱉을 때 느껴지는 감미로움. 얼마 되지 않은 네 죽음의 비밀을 말하듯 조용히 읊조려야 하는 말. '사랑해'라고 말할 때 들릴 듯 말 듯 한 마지막 음절은 날개를 치며 날아오른다. '지슬렌, 널 사랑해.' 과거시제로 이 말을 한다는 건 생각할 수 없다. 이제르의 생통드라 묘지에 놓인 꽃은 장례식 후 일주일이 지나 시들었으나 널 사랑한다는 말은 여전히 살아 있고, 이 말을 하는 시간은 더도 덜도 아닌 삶 전체의 시간을 뒤덮는다.

1995년 8월 12일, 크뢰조에서 죽음이 네 머리칼을 붙잡았다. 너는 두통 때문이라고 생각하며 사소한 일이라고 여긴다. 그러나 비처럼 쏟아지는 붉은 별들이 뇌 속을 구석구석 적시고, 너는 쓰러진다. 파열성 뇌동맥류. 의사들은 그렇게 말했다. 표현할 수 없는 것을 말하기 위해 그들이 붙인 이름. 너를 사랑하는 자들의 몸속에 갑작스레 피가 터진다. 피는 죽은 자들의 혈관에서 디는 흐르지 않으므로, 피를 잃은 자는 죽은 자 주변의 살아 있는 자들이다.

니는 아플 시간도 갖지 못했다. 죽음은 바르바라가 노래한 <검은 독수리>처럼 예고 없이 네 위로 내려앉았다. 너는 이 노래를 부른 여가수를 무척 좋아했고, 유유자적하고 자유롭고 사랑에 빠진 듯한 목소리를 좋아했다.

어느 화창한 날, 아니 어쩌면 어느 밤에 호수 근처에서 잠들었네.
별안간 하늘을 찢고 나온 듯, 어디선가 검은 독수리가 나타났지.

지슬렌, 죽음의 날개가 단숨에 너를 휘감았다. 너를 사랑하는 자들 위에 오래도록 그림자를 드리울 만큼 광대한 날개로.

우리는 잠깐 살기 위해, 찰나에 불과한 삶을 살기 위해 두 번 태어나야 한다. 육신으로 먼저 태어나고 이어서 영혼으로 태어나야 한다. 두 탄생은 뿌리째 뽑히는 것과 같다. 육신을 세상에 던져버리는 첫 번째 탄생, 하늘 꼭대기까지 닿도록 영혼을 힘껏 던지는 두 번째 탄생. 나의 두 번째 탄생은 1979년 9월 말의 어느 금요일, 밤 10시쯤 방으로 들어오는 널 보면서 시작되었다. 그날 밤, 나는 네 첫 번째 남편 집에서 널 만났다. 떠날 채비를 하던 순간, 네가 들어왔고, 피곤한 하루의 삶에서 돌아온 네가 내 앞에 있었다. 영원히, 라고 할 수 있으리라. 네 죽음조차 네가 내 앞에 있는 걸 막을 수 없으므로. 그다음 일은 어린아이 장난처럼 간단하다. 단지 너를 따라다니면 됐으니까. 나는 너의 첫 결혼과 이혼, 그리고 두 번째 결혼에서도 너를 쫓는다. 나는 외발로 돌차기 판을 지나고, 너는 계속해서 네 갈 길을 가고, 나는 너를 꾸준히 뒤따른다.

16년 동안, 나는 어디든 너와 함께했지만 1995년 8월 12일에는 그럴 수 없었다. 그건 불가능했다. 왜 불가능했는지는 아직도 잘 모르겠다. 마치 네가 유리나 공기 뒤에, 1밀리미터 두께에 불과한 공기나 빛, 유리 같은 무언가 뒤에 있는 것만 같았다. 네가 바로 저편에 '있는데, 아무리 오래 유심히 보아도 아무것도 보이지 않았다. 내가 이 글을 쓰는 이유는 그 때문이다. 더 잘 보기 위해, 얇디얇은 공기와 빛과 유리를 오래도록 보기 위해. 뚫어지게 응시하며 다짐한다. 끝내 보고야 말리라고, 끝내 알고야 말리라고. 비록 내 두 눈이 멀지라도, 죽음의 아찔한 광채가 점차 희미해진다 해도, 나는 얇게 둘린 공기와 빛과 유리를 결코 넘을 수 없으나 너는 순식간에 넘어섰다는 것을 이해하고 깨닫고 알게 된다고 할지라도. 너는 수많은 재능을 지닌 사람이었다. 내가 글을 쓰는 이유는 그 때문이다. 천재성이 어떤 건지 내가 알고 있으며, 내 인생에서 천부적인 재능을 지닌 사람을 만났고, 16년 동안 그와 함께했다는 것을 말하기 위해. 너는 글을 쓰지 않았고, 그림을 그리지 않았고, 예술가, 학자 혹은 어떤 분야에서 뛰어난 사람이라고 불리지 않았다. 그럼에도 불구하고 너는 순수한 상태 그대로의 천재였다. 사랑과 유년 시절과 다시 또 사랑으로 이루어진 천재. 나는 사람들이 너를 그런 사람으로, 너였던 모습으로, 너인 모습 그대로 보기를 원한다. 네게서 불처럼 붉은 심장에 깃든 경이로운 어린 시절과 순수한 사랑과 모든 재능을 보기 원한다.

    나는 그리스도에 대해 생각하지 않는다. 그를 잊은 것도 멀어진 것도 아니다. 단지 생각하지 않을 뿐이다. 서로의 감정을 넘어서는 사랑, 캄캄한 어두움에도 불구하고 빛나는 사랑. 설혹 우리 둘 사이에 그런 사랑이 자리하지 않았다 해도, 너는 내게 영원히 지속되는 무언가 혹은 누군가를 주었다. 아니, 그쪽으로 나를 이끌었다고 말해야 하리라. 그러나 나는 지금 그리스도를 생각지 않고, 세례명을 부르지 않고, 성경을 열지 않는다. 마음에 완전한 위로가 올 때, 온갖 상상이 말끔히 씻겨나갈 때, 그제야 비로소 그에게로 다시 돌아갈 것이다. 나는 아주 잘 알고 있다. 이 땅에서 너를 다시는 볼 수 없다는 것과 지상에 울려 퍼지던 네 웃음과 네 발자국 소리를 더는 들을 수 없다는 것을. 지금으로선 이 사실을 아는 것으로 족하다. 너로부터 오던 부드러움이 내게 다시 왔고, 부드러움은 오늘 최고조에 이르렀다. 부드러움은 네 열린 무덤에서 나왔다. 무덤 속의 네 밝은색 목관과 바로 위, 아픈 입속의 시커먼 이처럼 썩어버린 두 개의 다른 관. 나는 관들을 오래도록 응시했다. 내게 소중한 장면이다. 나는 이 이미지를 내 곁에 간직하고, 내 옆에 잡아둘 수 있는 빛을 찾는다. 너에 대해 씀으로써 그 빛을 찾는다. 네가 남겨놓은 숙제를 해야 한다는 듯이. 이 숙제는 여전히 선물과 같다. 어쩌면 가장 순수한 선물인지도 모른다. 지슬렌, 네게 감사한다. 널 잃음으로써 나는 모든 것을 잃었다. 이 상실에 감사한다. 미치광이처럼 너를 사랑하는 나는 광기에 휩싸인 채 부드러움과 빛과 사랑을 찾는다. 그리스도에 대해서는 좀 더 후에 생각하려 한다.

아름다움. 그래, 자유의 맑은 공기가 여인의 얼굴에 깃들 때 나타나는 그런 아름다움. 삶처럼 아름답고, 유쾌하고, 다정하고, 산만하고, 걱정 없고, 피곤하고, 가볍고, 때로는 견딜 수 없고, 사랑스럽고, 어지럽고, 웃고, 절망하고, 노래하고, 꿈꾸고, 다시금 흐트러진, 그리고 느린, 아주 느리고, 자유롭고, 삶처럼 아름다운. 내게 남은 건 이 살아 있는 아름다움에 네 죽음의 검은빛을 스며들게 하는 일이다. 그것도 아주 세밀하게, 넘치는 혼란과 감사를, 그래, 감사를 담아서.

나는 생각에 잠기고 생각은 점점 더 깊어진다. 네 죽음은 수수께끼 같아서 그 안에 온화함이 있는지 냉혹함이 있는지 알 수 없다. 나는 선택의 여지가 없다고, 온화함을 받아들이려면 냉혹한 죽음의 실체마저 받아들여야 한다고 생각한다. 네가 내게 준 것들은 모두 고귀하고 순수한 것들이었다. 그러므로 나는 이제 네 죽음 안에 감춰진 고귀하고 순수한 것을 찾는다. 어디서든, 심지어 최악의 곳에서도 찬탄할 만한 소재를 찾는 일, 나는 네가 가르쳐 준 대로 글을 쓴다.

귀염둥이, 너의 가족들은 너를 이렇게 불렀다. 리옹 사람들이 막둥이, 늦둥이, 넷째이자 마지막 아이인 너처럼 존재만으로도 마음을 기쁘게 하는 아이를 부를 때 쓰는 말. 집 안에서 막강한 권한을 가지는 막내는 모든 일에서 최우선이 되고, 무한한 관심과 애정의 대상이 된다. 부모는 막내 다음에 다른 자식이 없다는 걸 잘 알기에, 마지막으로 태어난 아이에게 금쪽같은 시간과 결코 마르지 않는 애정을 아낌없이 쏟아붓는다. 맏이를 너무 엄하게 대했다는 건 훨씬 후에야 깨닫는다. 맏이들은 부모가 너무 젊었던 나머지 자신이 잘못될까 염려하며, 불안한 마음에 심한 제재를 가했다고 말한다. 부모들은 맏이에게 실망스러운 일을 절대 하면 안 된다는 부담을 주기 마련인데, 어깨 위에 그런 짐을 얹고 즐겁게 살아가기는 어려운 법이다. 둘째 아이가 태어나면, 첫째는 체면에 짓눌린다. 사람들은 동생이 태어났으니 더 의젓해지고 책임감이 강해져야 한다고 차마 들을 수 없는 말을 한다. 그러나 막내에게는 아무런 요구도 하지 않는다. 태어난 자체가 기적이기 때문이다. 부모는 나이를 먹어가면서 아이들이 마법사가 아님을 점차 깨달으며, 이러한 깨달음은 실수를 통해 더욱 커진다.

　귀염둥이는 두 달일 때 이미, 스무 살이 되었을 때와 마흔 살이 되었을 때와 다를 바 없었다. 예기치 않게 주어진 존재, 넘치도록 충만한 존재, 모두가 그녀를 다 용서해 줄 것이다 — 그녀의 어리석음도, 연애들도, 남편들도, 느릿함도, 무질서도. 아무것도 요구하지 않기에, 그녀는 끊임없이 대답한다. 세상에서 가장 섬세한 방식으로. 작은 지슬렌, 라투르 뒤 팽의 테라스에 앉아, 생톤드라의 정원에 맨발을 담근 채, 넌 아직 걸음도 제대로 못 걷지만 이미 세상을 이해했다. 사랑이 분명히 거기 있음에도, 세상엔 여전히 사랑이 부족하다는 것을. 그래서 너는 귀염둥이의 사명을 다한다. 항상 막내의 자리를 차지하며, 네가 받은 사랑을 백배로 되돌려준다.

매주 일요일 저녁 8시나 8시 30분쯤, 너는 전화를 걸어 '여보세요, 내 아가'라고 말을 시작한다. 네가 이렇게 부르는 사람은 네 어머니다. 같은 시각, 잠자리에 들 시간이 되면 에너지가 더욱 넘치는 네 어린 막내딸이 아파트 안에서 미친 듯이 뛰어다닌다. 한쪽에는 네 딸과 다른 한쪽 전화기 끝에는 네 어머니가 있다. 그리고 세상의 한가운데서 너는 잠시 동안 네 딸아이에게 그렇듯 네 어머니의 어머니가 된다. 여보세요, 내 아가.

너는 그리 크지 않다. 오히려 작다고 할 수 있으리라. 그런 네게서, 너의 존재에서, 너의 목소리와 너의 눈에서 감싸는 듯한 힘과 근원적인 다정함이 흘러나온다. 너는 공식적으로 세 명의 아이를 두었다. 클레망스, 엘렌, 가엘. 그러나 실제로는 몰래 수십 명의 아이들을 품었다. 네가 돕고, 보호하고, 위로하고, 먹이고, 돌보았던 아이들의 수는 놀랄 만큼 많다. 내가 책 속에서 어머니들에 대한 글을 쓸 때 — 내가 쓴 글들은 거의 그녀들에 관한 것이기도 하다. — 그건 바로 너에 대해 쓴 글이다. 너는 완전한 어머니다. 나는 그것이 어떤 의미인지 덧붙이고 싶다. 완전한 어머니란 너처럼 사랑을 셈하지 않고 건네는 사람이다. 되돌려받기를 바라지 않고 주는 사람이다. 그리고 무엇보다 자식만을 위해 사는 사람이 아니라, 다른 곳에서도 살아가는 사람이다. 다른 사랑을 살아내고, '여보세요, 내 아가'와 같은 말 한마디와 몸짓 하나에 온전히 깃들지만, 동시에 또 다른 어딘가에 있는 사람. 어쩌면 가장 좋은 어머니란 세상이 말하는 '나쁜 어머니'일지도 모른다. 자식만을 중심에 두지 않는 사람. 혹은 이렇게도 말할 수 있다. 가장 좋은 어머니는, 자신이 여성이자 연인이자 아이임을 잊지 않는 사람이다. 그 모든 역할을 똑같은 강도로 살아내는 사람이다.

이 단순한 진실을 어떻게 전할 수 있을까. 이 자명한 사실을 어떻게 설명할 수 있을까. 가장 좋은 어머니가 어떤 사람인지, 그것을 말해주는 문장은 단 하나면 충분하다. '그녀는 자신을 내어주고 떠난다.' 그리고 그것은 너의 삶 전체에도, 너의 죽음 전체에도 어울리는 문장이다.

내가 어머니, 요정, 연인, 소녀, 마법사에 대한 얘기를 하기 위해서는 너를 지켜보기만 하면 되었다. 하지만 이제 나는 지상에 있는 선명한 네 존재를 거치지 않고, 정면을, 바로 앞을 응시하는 법을 배워야만 한다. 내게 네 죽음은 젖을 떼는 과정이다.

또다시 전화다. 오늘 아침 누군가 나에게 전화를 걸어왔다. 책에 관한 이야기였지만, 나는 잘 이해하지 못한 채 듣고만 있었다. 그대로 흘려보내고 있다가, 문득 이 통화를 빨리 끝내야 한다는 생각이 들었다. 언제든 네가 전화를 걸어올 수 있으니까. 늘 그렇듯이 아무 때나, 아무 말이나 하려고. 무엇보다 나는 네가 수신 거부음을 맞닥뜨리길 원치 않았다. 급히 전화를 끊고, 그러고 나서 몇 초쯤 지나 비로소 깨닫게 된다. 너는 죽었고, 더는 나에게 전화하지 않는다는 사실을.

육체에서 영혼에 가장 근접해 있는 것은 목소리와 눈이라는 말이 있다. 그게 사실인지, 무엇을 근거로 말하는지는 모르겠다. 다만 나는 안다, 죽음은 탐욕스럽고 쏜살같이 달려든다는 것을. 마치 보물을 낚아채는 도둑처럼, 눈 깜짝할 사이에 눈은 텅 비고 목소리는 꺼진다. 그리고 끝이다. 끝, 영원히.

나는 전화기를 드는 순간, 네 목소리라는 걸 바로 알아채곤 했다. 이렇게도 말할 수 있으리라, 아니, 이렇게 말해야 하리라. 나는 네 목소리를 어떠한 인식 이전에 촉각으로 알아챘다고. 네 목소리는 목소리가 실어 오는 단어보다 앞서 말을 건넸고, 아주 사소하지만 드물고도 소중한 무언가를 전해주었다. 삶은 계속된다고, 결코 끝나지 않을 거라고. 네 웃음처럼, 네가 살아 있는 동안 침묵 속에서조차 나에게 감지되던 그 목소리처럼.

내가 일주일에 몇 번이나 너를 보았는지 헤아려 본 적은 없었다. 아마도 항상 너를 보았다고 말하는 게 옳을 것이다. 아파트 안의 고독조차도 너로 가득 채워졌고, 다음 만남을 저절로 기대하게 만들었다.

우리가 가리는 것 없이 모든 것을 말했다는 사실을 자각해 본 적이 없었다. 우리는 돈에 대해, 신에 대해, 아이들에 대해, 책들에 대해, 그리고 몽소레민의 공단 지대에서 함께 사러 갈 생각을 하던 세일 중인 이불에 대해서도 이야기했다. 내가 너를 따라갔던 그 가게들은 지금 생각해 보면 신기루 같다. 세상에서 가장 먼 나라들보다도 내게 더 큰 꿈을 안겨준다.

  말을 축제의 언어로 바꾸는 특별한 재능이 너에게 있었다는 사실을 의식한 적이 없었다. 그리고 나는 자유롭게 떠돌며 웃음 가득한 그 말들이 영원히 계속되리라고 믿었다. 우리 삶 위로 드리워진 죽음의 잎사귀를, 그 잎사귀가 순식간에 짙은 그늘이 되어 내려앉을 수도 있다는 걸 잊고 있었다. 그리하여 내 고민을 털어놓을 이가 없어지고, 나무들이 그저 차가움과 어둠만을 흘려보내는 그런 여름밤에 어깨에 걸치는 스웨터처럼 부드럽게 일상의 말을 건네줄 이가 더는 없어진다는 것을.

너는 내가 어디서 글을 쓰는지 알고 있었고, 내 초고를 읽으러 오곤 했다. 나는 드러나지 않는 것을 너에게 보여주는 걸 좋아했다. 글쓰기가 막 깨어났을 때의, 흐트러지고 다듬어지지 않은 그 모습들을. 나는 너를 통해서만 글을 썼고, 오직 네 안에서만 글을 썼다. 나는 가능한 한 많은 빛을 붙잡을 수 있도록 흰 종이를 네 얼굴 쪽으로 돌려놓곤 했다.

이 방, 이 책상을 너는 잘 안다. 내 오른쪽에는 책으로 가득 찬 벽이 있고, 책등마다 이름들이 적혀 있다. 때로는 위압적이고, 때로는 두려움을 불러일으키는 이름들. 나는 오늘 생각한다. 너의 죽음이라는 사건이 나를 그 본질적이고 보편적이며 자비로운 결핍 속으로 다시 데려다 놓는다는 것을. 나는 생각한다. 책의 저자들 역시, 아무리 근엄하고 사유 속에서 길을 잃었던 그들이라도, 부지불식간에 이 비참함을 알았을 거라고. 그것을 자각했는지는 중요하지 않다. 결국 가장 자존심 강하고 가장 박식한 이들조차도 아이처럼 순진한 하나의 본능을 따랐으리라. 그 본능이란 고칠 수 없는 것을 고치기 위해 글을 쓰는 것이다.

네게 낮은 목소리로 말을 건넨다. 네게 광기 어린 목소리로 말을 건넨다. 네게 말을 하기 위해 12세기 사람들의 목소리를 빌린다. 장미와 찔레꽃의 언어, 궁정연애의 오솔길, 자신의 연인이 아니라 왕자의 연인이었던 여인들의 우아함을 찬양했던 음유시인의 언어를 빌린다. 이제 너는 빛의 왕의 아내이고, 전능한 신의 팔 안에 잠들어 있다. 하나 그렇다 해도 나는 너에 대해 말하고 너를 추종하는 일을 멈추지 않는다. 왕자든 신이든 그 누구도, 그 어떤 것도 결코 나의 사랑을 방해하지 못한다. 너에게 말을 건넬 때, 내 말이 빛 바랜 잡담으로 스러지지 않도록, 나는 가능한 한 가장 부드럽고 가장 미친 목소리로 이야기한다.

　처음에 나는 목소리를 잃었다고 생각했다. 말과 죽음은 동시에 한 공간으로 들어가려다가 서로 문턱에서 걸리는 두 사람과 같았다. 죽음은 점점 더 커졌고, 말은 점점 더 더듬게 되었다. 그러다 나는 알게 되었다. 사람들이 죽음에 관해 안다고 여기는 모든 것들과 고통에 대해 되풀이되는 상투적인 말들, 그리고 다시 산만한 삶으로 돌아가야 한다는 필연의 논리들, 그 모든 것을 전염병처럼 피해가야 한다는 것을. 또한 나는 깨달았다. 삶과 마찬가지로 죽음에 있어서도 다른 이의 말에 귀 기울이지 말아야 하며, 죽음을 말할 때는 사랑을 이야기하듯 부드러운 목소리로, 열정 어린 목소리로 말해야 한다는 것을. 죽음의 고유한 특성과 사랑의 감미로움에 어울리는 세밀한 언어를 선택해야 한다는 사실을.

가볍게 춤추듯 손목을 움직여 네 의견을 강조하거나 혹은 오히려 말의 무게를 덜어버리는 네 방식, 형편없는 식사를 준비하거나 혹은 오히려 네 남편에게 요리를 맡겨버리는 네 방식. 그리고 넌 정말로 다른 방도가 없을 땐, 어마어마한 양의 크레이프 반죽을 만들어 놓곤 해서 일주일 동안 그것만 먹기도 했다. 라디오를 듣는 네 방식. 너는 저녁 7시에 프랑스 퀼튀르를 들으며 라디오에서 말하는 책 제목을 메모하곤 했는데, 다음 날이면 메모한 종이를 잃어버리곤 했다. 같은 집에 살고 있는 이들에게 편지를 쓰는 네 방식, 같이 이야기하는 사람들이 우울함과 비극적인 얘기에 빠져들 때 웃음을 터뜨리는 네 방식, 품위를 전혀 잃지 않은 채 화를 내며 욕을 하는 네 방식, 책을 읽다가 맘에 드는 인용문들로 공책을 새카맣게 채우던 네 방식. 오늘 아침, 나는 이 공책들이 고귀함과 순수함을 향해 가는 네 영혼의 움직임과 너 자신을 보여주는 가장 정확한 이미지라는 생각을 한다. 어느 때든 누구나 들어올 수 있게 모든 문을 활짝 열어둔 채 커플로 살아가는 네 방식. 너무 자주 들락거리면 너는 한숨을 살짝 내쉬곤 했다. 그리고 모든 고정관념에 반하는 것을 원하는 네 방식, 아이들 사진을 앨범에 분류하는 네 방식. 너는 사진을 분류해야 한다는 생각은 곧바로 잊어버리고 오래도록 사진을 들여다보며 약간은 놀란 표정으로 미소를 짓곤 했다. '자, 빨리, 그러다 늦겠어' 같은 말로 누군가가 너를 재촉할 때 한숨짓던 네 방식. 밖으로 데리고 나가기 위해 놀이를 멈추게 할 때, 시간이 가고 있음을 상기시킬 때, 아이들도 이와 똑같은 괴로움을 겪는다. 사람들이 너를 이해하지 못한다고 여길 때 노래를 흥얼거리던 네 방식, 결코 누구에게도 속하지 않으면서 모든 이에게 속하는 네 방식, 자유로워지기 위한 네 자유로운 방식, 사랑하기 위해 네가 사랑하는 방식. 오, 지슬렌, 이토록 많은 것을 담기엔 관은 터무니없이 작기만 하다. 이 죽음이 전부 거짓인 것처럼 느껴진다. 네가 또다시 악동처럼 짓궂은 장난을 꾸며낸 것만 같다. 설령 네 죽음이 진짜라 해도, 나는 네가 천국에 멋진 혼돈을 퍼뜨리고 있을 것만 같다. 한 천사는 네 저녁 식사를 차리고, 또 다른 천사는 책을 읽어주며, 매일 저녁 일곱 시마다 라디오에서는 모차르트가 갸르릉거리듯 흐르고 있을 것이다.

나는 너에 대한 험담은 아무리 사소한 것이라도 결코 참을 수 없었다. 아주 조금이라도 네게 상처 주는 말, 아무리 조심스러운 비난도. 그런 말을 들으면 난 잊지 않고 마음에 담아둔다. 그렇다고 앙심을 품는 건 아니지만 한 번이라도 너에 대해 의혹을 발설하는 자들과 나 사이에는 메울 수 없는 깊은 심연이 생긴다. 그것이 내가 사랑하는 방식이며, 내가 아는 유일한 사랑법이다. 네가 완벽한 사람이라는 뜻이 아니다. 또한 성녀라는 말도 아니다. 성녀들의 말을 들어보면 알 수 있다. 그들은 아주 분명하게 말한다. 성녀들조차 스스로를 판단한다는 걸. 그것은 정당한 일이다. 그들은 자신을 가장 마지막 중의 마지막이라고 여긴다. 이는 본질적인 영혼의 법칙이다. 빛에 더 가까이 다가갈수록, 자신에게 존재하는 어둠을 더 잘 알아차리기 때문이다. 성녀는 없다. 성녀들조차 그렇게 말한다. 세상에는 어둠이 있고, 그 어둠 속에 가끔 샘물을 만들어 내는 요정이 있을 뿐이다. 너는 반쯤은 샘물이고 반쯤은 요정이었다. 그런 네게서 내게 온 것은 언제나 좋은 것이었다. 더 분명하고 더 경이로운 사실은 너로부터 내게 나쁜 것이 왔을 때조차, 그 나쁨은 곧바로 좋은 것으로 바뀌었다는 것이다. 너는 내게 혼미해질 정도의 강한 질투를 일게 했다. 무엇하러 숨기겠는가. 질투는 사랑과 유사한 점이 하나도 없으며, 그보다 더 사랑에 난폭하게 반하는 감정도 없다. 질투는 눈물과 비명으로 자신의 사랑의 크기를 증명한다고 믿지만, 각 사람이 가지고 있는 자기 자신에 대한 원초적인 편애를 표현할 뿐이다. 질투에 세 사람이 연루되는 건 아니다. 심지어 두 사람도 아니다. 불현듯 자신의 광기에 사로잡힌 한 사람이 있을 뿐이다.

'나는 너를 사랑한다. 그러니 너는 내게 헌신해야 한다. 나는 너를 사랑한다. 그러니 나는 네게 종속되어 있고, 너 역시 이 종속관계에 묶여 있다. 너는 내 종속에 종속되어 있으므로 내게 모든 것을 채워줘야 한다. 네가 모든 것을 채워주지 않으면 내게 아무것도 채워주지 않는 것이다. 네게 종속된 나는 더 이상 나 자신이 되기를 원치 않으며, 다만 네가 우리의 종속관계에 응답하기를 원한다. 그래서 나는 모든 일에서, 또한 아무것도 아닌 일에서 너를 원망한다.'

질투의 언어는 무궁무진하다. 질투는 그 자체로 스스로를 살찌우며 어떤 답도 바라지 않는다. 게다가 팽이처럼 빙글빙글 도는 악순환의 지옥에 빠져도 책임지지 않는다. 나는 보름 정도 이 감정에 사로잡혀 있었다. 그러나 질투의 속성을 파악하는 건 한 시간으로 충분했다. 보름째 되던 날, 지옥에서 확실하게 벗어났다. 나는 보름 동안 탄식으로 가득 찬 끔찍한 영겁의 시간 속에서 발버둥 쳤고, 네가 나를 제외한 다른 모든 사람과 혼인한 듯한 느낌으로 살았다. 발을 구르고, 고통을 거래 조건으로 만든 건 내 안의 어린아이였다. 이윽고 나는 네가 이런 말들을 듣지 않는다는 걸 알아챘고, 네가 옳았음을, 아무 말도 듣지 않는 것이 전적으로 옳았음을 깨달았다. 불평의 언어는 들어줄 가치가 없다. 그 안에서 사랑은 흔적조차 찾을 수 없다. 오로지 나, 나, 나, 기필코 나만을 외치는 소음과 분노에 찬 말만 소용돌이칠 뿐이다. 보름쯤 지났을 때, 어두운 장막이 홀연히 찢어졌다. 눈앞이 훤히 밝아졌다고 말할 수도 있다. 정말 그랬다. 네가 세상 모든 사람과 결혼했다 해도 상관없었다. 그날 나는 한 가지를 잃었고, 다른 하나를 얻었다. 내가 무엇을 잃었는지는 아주 잘 안다. 그러나 내가 얻은 것에 무어라 이름 붙여야 할지 모르겠다. 단지 고갈되지 않는 것임을 알 수 있을 뿐이다.

　화가 난 아이는 죽기 위해 보름의 시간이 필요했다. 잠깐이라고도 할 수 있다. 사는 내내 지치지도 않고 질투에 휩싸여 사는 사람들도 보았으니까. 질투에서 빨리 벗어날 수 있었던 것은 내 불평 앞에서 네가 터뜨리던 웃음 덕분이었다. 독선적인 아이의 마음에 네 웃음의 정수가 쏜살같이 날아와 박혔고, 너의 순수한 자유가 불현듯 내게 모든 길을 열어주었다.

　독선적인 아이가 죽은 후, 그리고 이 죽음을 겪고 나서야 비로소 어린 시절을 되찾을 수 있었다. 방랑하는 사랑과도 같은 어린 시절, 웃음 가득하고 지위와 소속 때문에 걱정하지 않는 그런 어린 시절을.

만약 이렇게, 조용히 담담하게, 내가 너에게서 사랑한 것이 무엇인지 말하려 한다면, 나는 그것이 너의 자유라고 말할 것이다. 네 마음 속 너 자신조차 예측할 수 없던 지점, 다시 말해, 타인이 너에게 기대할 수 있는 욕망들을 거스르던 바로 그것. 결국 그것은 너의 사랑이자 지성이기도 하다. 왜냐하면 진정한 사랑과 관능적인 지성과 살아낸 자유는 우리 안에서 고동치며 비상하는 하나의 심장을 이루기 때문이다.

너의 죽음에서 내가 알 수 없던 것들은 네가 살아 있는 동안에도 알 수 없던 것들이었다. 죽음은 삶을 숙명으로 바꾸지 않는다. 죽음은 마침내 해독할 수 있는 텍스트가 담긴 책의 마지막 페이지를 덮는 것이 아니다. 지금도 나는 너를 빛 속으로 달아나는 심장을 가진, 반항적이고 잡히지 않는 사람으로밖에는 상상할 수 없다.

나는 네가 바로 옆에 있을 때조차 다가갈 수 없는 존재라고 늘 생각했다. 그걸 알면서도 너를 사랑했다.

아이들에게 둘러싸여 있고, 두 번 결혼했고, 수많은 관계로 얽혀 있으면서도, 나는 너보다 더 자유로운 사람을, 더 자유롭고, 더 지혜롭고, 더 사랑이 깊은 사람을 본 적이 없다. 자유와 지혜와 사랑은 세 단어이나 결국 같은 말이다. 각 단어가 다른 두 단어와 유리되면 알맹이도 의미도 없는 텅 빈 언어가 되어버리므로.

죽음은 예측할 수 없고, 어디에서든 불쑥 나타나 우리에게 다가온다. 네 죽음의 소식은 단속적인 작은 음들로 내게 전해졌다. 그때마다 소리를 들었고, 알았고, 이해했다고 생각했다. 그러나 아니었다. 그건 마치 네가 주소도 남기지 않고 외국으로 떠나 편지를 보낸 것과 같았다. 너는 잉크도 종이도 없는 '그곳'에서 무엇이라도 사용하여 편지를 쓴다. 네가 좋아하는 고광나무꽃이나 제비꽃 향으로, 움직이는 빛의 이미지로, 혹은 오늘 텔레비전에 나온 나무들 사이의 오솔길 이미지로. 네 죽음을 생각하면 왜 이토록 여린 이미지가 떠오르는 것일까. 그건 실제의 나무도 아니었는데, 단지 색조의 점들이 화면에 띄운 이미지일 뿐이었는데. 그리고 나는 다시금 알게 되었다. 우리가 더는 함께 산책하지 못하리란 것을, 아카시아잎들이 바람에 흔들리는 소리가 네 웃음소리와 이별했음을. 나는 그렇게 매일 배운다. 아마도 배운 것을 그때그때 잊어가기 때문일 것이다. 우리는, 살아 있는 우리는, 죽음을 앞에 두고 형편없는 학생들이다. 며칠, 몇 주, 몇 달이 흘러도 칠판 위에는 늘 똑같은 수업만이 적혀 있다.

너는 가진 것이 거의 없었다. 네가 남긴 가장 중요한 유산은 눈물과 웃음일 것이다. 눈물에 대해선 말하지 말자. 대신 웃음을 생각한다. 네 살배기 네 어린 딸, 장난꾸러기에 활달하고 매력적인 클레망스의 목구멍에서 웃음소리가 구른다. 차를 타고 있는 나와 열다섯 살이 된 네 큰 딸 엘렌 사이에서도 웃음이 터진다. 그 나이의 아이들이 어떤지, 얼마나 직설적인지, 너도 알 것이다. 여행을 하는 동안, 엘렌은 묘비에 쓰인 말들이 너무나 지루하고 작위적이라고 말하며, 자신의 바람을 털어놓는다. '나를 엄청 짜증 나게 했던 엄마에게' 그런 문장을 묘비에 남기고 싶다고. 엘렌과 나, 우리는 웃음을 터뜨린다. 물론 실제로 그렇게 쓸 가능성은 없다. 묘비명을 새기는 사람이 그러한 주문을 거절할 테고, 그것을 읽는 사람들은 경악할 테니까. 그러나 나는 네가 이런 사랑의 말에 기뻐할 것이라는 걸 안다. 사랑을 말하기 위해 사랑의 단어가 늘 필요한 것은 아니다. 필요한 건 무거움과 가벼움이다. 진지함은 아니다. 특히, 진지해서는 안 된다. 무거움과 가벼움. 눈물과 웃음이 필요할 뿐이다.

클레망스와 베르리 공원을 산책한다. 놀이터에서 멀리 떨어지지 않은 곳에는 전화박스가 하나 있다. 수요일의 산책 후, 클레망스와 내가 가끔씩 예상보다 늦게 집에 돌아갈 때면, 나는 그 전화박스에서 너에게 전화를 걸었다. 시간에 맞춰 들어가진 못하지만 안전하게 잘 들어갈 거라고, 다만 얼굴을 웃음으로 뒤덮은 채 갈 테니 걱정하지 말라고 전하곤 했다. 네가 죽고 일주일 후, 클레망스는 공원의 전화박스를 가리키며, "저기서 엄마한테 전화해 보면 어때요?"라고 말한다. 나는 클레망스를 유리 박스 안에 들여보내고 전화번호부를 놓는 금속 선반 위에 앉힌다. 수화기를 들고 숫자판의 버튼을 하나하나 누르는 모습을 바라본다. 클레망스는 몇 분 동안 아무 말 없이 귀를 기울인다. 가끔 "응, 응"하고 말할 뿐이다. 통화가 끝나고 나서 나는 "엄마가 뭐라셔?"라고 묻는다. 클레망스는 "별일 없느냐고, 우리가 여전히 잘 지내느냐고 물었어요. 그래서 그렇다고, 내가 여전히 커다란 바보와 함께 바보 같은 짓들을 한다고 말했어요"라고 대답한다. 우리는 전화박스에서 나와, 다시 웃고 놀며 살아가는 다정한 일을 이어간다.

죽은 이들에게 말하는 방식은 수천 가지가 있다. 그들에게 말을 거는 것보다 그늘의 말을 듣는 것이 어쩌면 더 중요하다는 것을 이해하려면, 네 살 반 아이의 순수한 마음이 필요했을 것이다. 그리고 그들이 우리에게 전하는 말은 단 하나뿐이다.

변함없이 계속 살아가라.
더욱더 살아가라.
무엇보다, 스스로를 해치지 말고 웃음을 잃지 마라.

내게 너를 표현할 수 있는 단 두 개의 말만 주어진다면, 나는 이 두 단어를 고를 것이다. '상처 입은' 그리고 '빛나는'. 그리고 단 하나의 말밖에 남지 않는다면, 나는 이 말을 택할 것이다. '사랑하는'. 그 단어 안에는 앞선 두 단어의 의미가 모두 담겨 있으니까. 그건 너에게 완벽하게 어울리는 말이다. 목에 감은 푸른 비단 스카프처럼, 상처받은 직후에도 눈동자 속에 머물던 너의 웃음처럼.

너에게는, 네 안에는, 너의 삶 전체, 너의 몸짓과 침묵과 웃음 곳곳에 흩어져 있는, 깊고 끝없는 하나의 진지한 사유가 있다. 마지막 날까지 너는 그 질문 하나에 사로잡혀 답을 찾고 있다. 1995년 8월 12일 토요일 오후 1시, 너는 크뢰조의 오텔디외 병원의 중환자실에 있고, 곧 헬리콥터로 디종에 이송될 예정이다. 네게 남은 생은 고작 몇 시간뿐. 그 시간을 말할 때, 어쩌면 생生이라는 단어는 더 이상 어울리지 않는지도 모른다. 너의 얼굴은 평온하다. 깊은 꿈 한가운데 있는 사람처럼 눈을 감고, 아주 오래된 수수께끼의 해답에 거의 닿은 듯한 표정이다. 네가 그 수수께끼의 밑바닥까지

다다랐는지 나는 알지 못한다. 하지만 나는 네가 살아 있는 내내 그 질문에 답하려 했다는 것을 알고 있다. '사랑이란 무엇인가?' 다른 모든 질문들은 부차적인 것이었다. 너는 어떤 대답에도 결코 만족하지 않았다. 그것이 너의 고결함이다. 이 주제에 관해 무언가를 말할 때조차도, 너는 항상 질문의 형식을 취했다. 최근에 네가 내게 보냈던 엽서를 다시 읽었다. 로댕의 <키스> 작품이 인쇄된 엽서 뒷면에 너는 이렇게 적었다. (마지막 문장에서 두 단어를 강조한 것은 내가 아닌 너였다.)

'나는 모든 삶이 이처럼 숭고한 입맞춤이었으면 좋겠어. 자연, 아이들, 산책처럼 가장 아름다운 것들과 노동과 사회생활처럼 가장 고된 것들까지도. 연인들의 다툼조차도 이 입맞춤을 닮았으면 해. 만일 이 입맞춤이 충만함과 **끝없는 결핍**을 함께 끌어안을 수 있다면, 우리는 모든 것을 얻은 셈이 아닐까?"

네 아버지가 돌아가셨을 때 너는 열한 살이었다. 아버지 사진은 너를 떠난 적이 없었고, 네가 어느 집에서 살든 커다란 흑백사진이 늘 너를 따라다녔다. 너를 키운 사람은 네 어머니다. 식구들과 온종일 부대끼며 살아가는 사람은 어머니들, 오로지 그녀들뿐이다. 아이들이 태어나고 처음 몇 년 동안, 아버지들은 약간의 소음만 내는 그림자처럼 절반만 존재한다. 아이가 대여섯 살이 될 무렵, 그들은 마침내 안착하지만 모든 일이, 혹은 거의 모든 일이 이미 끝나 있다. 그들은 늘 시간을 보냈던 바깥의 먼지, 혹독한 규칙, 정글 같은 사회생활에 적응해야 할 의무를 가지고 집에 들어온다. 너를 키운 것은 어머니, 그리고 네 맏언니 마리 클로드다. 네가 태어났을 때, 네 어머니는 마리 클로드에게 자신이 곧 죽을까 봐 걱정되니 남들은 모르는 작은 엄마처럼, 어린 엄마처럼 너를 잘 돌보아야 한다고 말했다.

너에게는 언제나 그런 식으로 곁을 채워주는 천사들이 있었다. 그 천사들이 없을 때면, 너는 그들을 찾아 나서곤 했다. 이를테면 책 속에서. 가족이란 참 이상하다. 스스로를 영원하다고 여기고, 어떤 의미에서는 실제로도 그렇다. 가족 안에서 형성된 아이에 대한 시선은, 그 아이가 자라나도 결코 바뀌지 않는다. 그 시선은 너무 일찍 굳어지고 끝까지 지속된다. 우리는, 책상 앞에 다소곳이 앉아 자기보다 몇 살 많을 뿐인 젊은 여성이 쓴 책 — 에밀리 브론테의 『폭풍의 언덕』 — 을 읽고 있는 한 소녀의 마음을 관통하는 어두운 그림자들을 보지 못하고 상상하지도 못한다. 너는 열여섯 살에 그 책을 읽었고, 그 밝은 날 속에서 비밀스럽게 펼쳐진 독서에 대해 자주 내게 이야기했다. 인생을 바꾸는 책은 소수에 불과하다. 그러나 책이 인생을 바꿀 때, 그것은 영원히 지속된다. 우리가 미처 알지 못했던 문이 열리고 우리는 그 안으로 들어가 다시는 되돌아오지 않는다. 너는 마흔네 살에 세상을 떠났다. 젊은 나이다. 네가 천 살을 살았다 해도 나는 똑같이 말했을 것이다. 너는 네 안에 너를 위한 젊음을 가지고 있었노라고. 내가 일컫는 젊음은 삶을 의미한다. 완전무결한 삶, 절망과 사랑과 쾌활함이 뒤섞인 삶 말이다. 절망, 사랑, 쾌활함. 이와 같은 장미 세 송이를 마음에 지닌 자는 자기 자신 안에 자신을 위한 젊음을 가지고 있다. 나는 너의 진정한 부드러움 밑에 살짝 감춰져 있던 이 세 송이 장미를 늘 알아차릴 수 있었다. 네 안에 사랑이, 그리고 그의 동생인 쾌활함이 깃든 건 네가 태어난 순간부터였을 것이다. 절망은, 네가 열여섯이던 해, 불현듯 찾아온 직감과 함께였을 것이다. 그 직감이란, 사랑은 결코 응답을 받지 못하리라는 것. 사랑은 『폭풍의 언덕』 속처럼, 언덕을 달리고 금작화 숲에서 잠드는 미치광이 같은 것. 바람에 찢겨 나가 메아리 없이 흩어지는 말들 같은 것. 남자들은 그런 말에 어떻게 대답해야 하는지 알지 못한다. 그들을 너무 원망하지는 말자. 금작화들을 헤치고 질주하는 바람에 대답할 수 있는 사람이 어디 있겠는가?

무정한 대도시에서 일주일을 보내고 돌아왔다. 너와 함께한 파리와는 비교할 수 없었다. 너와 함께한 모든 것이 그랬다. 세상은 조각난 모습으로 우리 앞에 펼쳐진다. 이곳에서는 대형 마트에서 장을 보고, 저곳에서는 미술 전시를 관람한다. 하지만 너는 언제나 모든 것을 뒤섞었고, 사랑은 어디에서든 제 것을 찾아냈다. 세잔이 그린 사과 앞에서도, 가게의 신발 진열장 안에서도. 너는 나를 데려갔다. 아니, 나는 그렇게 쓰면 안 된다. 나는 순수한 현재로, 오직 현재로 써야 한다. '오직 현재'라는 더할 나위 없이 현재다운 시제로 써야 한다. 너는 지금도, 너의 일상 속 깊은 곳으로 나를 데려간다. 일상의 삶과 영원한 사랑이 서로를 부둥켜안고 화려한 무도회를 여는 그곳까지.

파리에서의 어느 날 저녁, 우리는 영화를 보러 간다. '옛날 영화'라고 불리는 칼 드레이어 감독의 <오데트>다. '옛날 영화'라니, 얼마나 이상한 표현인가. 책의 경우, 우리는 '옛날 책'이라고 말하지는 않는다. 이 영화는 책만큼이나 감동적이다. 오데트는 덴마크어로 '말씀'이라는 뜻이다. 영화의 첫 이미지는 높이 자란 풀들과 빨랫줄에 널어 말리는 속옷, 검은 바람에 펄럭이는 흰 속옷이다. 언덕에서 울부짖는 바람의 이야기. 언제나 동일한 이야기다. 그러나 이 영화 속에는 그 바람에 응답할 줄 아는 이가 있다. 바람을 몰고 오는 불길한 신과 대화하는 사람. 바보인 그는 한 여자가 출산 중에 죽은 집을 배회한다. 바보는 죽은 여자의 어린 딸에게 영향을 받아 육신과 영혼의 부활을 믿는다. 그는 육신의 부활, 그 무엇보다 육신이 부활한다는 순수한 믿음을 갖게 된다. 그 믿음은 그의 심장을 태워버릴 듯이 들끓는다. 그 자리에 있던 신부조차도, 마음 깊은 곳에서는 믿지 않는다. 이제 믿지 못할 것을 믿는 사람은 오직 그 바보와, 그의 맑은 분신인 어린 소녀뿐이다. 소녀의 재촉에 못 이긴 바보는 그 순진한 요청에 응답하기 위해 열린 관으로 다가가, 죽은 여인을 부르고, 그녀에게 말을 건다. 아니, 외쳐 부른다. '그걸로 충분해. 이제 돌아와. 네 가족들 곁으로 다시 돌아오라고! 넌 네 일을 끝내지 않았어.' 그러자 제일 먼저 움직인 것은 손이다. 배 위에 가지런히 모아져 있던 죽은 여인의 손이 천천히 움직인다. 이윽고 얼굴에 미소가 어리고 수많은 생명의

징후들이 돌아온다. 화면에는 죽음에 지친, 죽음의 물에 흠뻑 젖은, 그리고 삶, 삶, 삶이라는 말을 힘겹게 더듬대며 죽음에서 돌아온 여인의 얼굴만 비친다. 너는 그 영화를 보면서 울었다. 후에 나는 너에게 비디오테이프를 구해주었고 그 테이프가 저기, 네 집에 있다. 영화를 다시 보고 싶은 마음은 간절하지만 견딜 수 없을 것이다. 나는 내가 견디지 못하는 그것을 정면으로 마주하고 싶다. 나는 네가 돌아오길 기다린다. 그 마음은 내 안의 두려움보다 훨씬 강하다. 나는 예기치 않은 것을 기다린다. 그 밖에 무엇을 기다릴 수 있을까. 나는 기대할 수 없는 것을 희망한다. 그 밖에 무엇을 희망할 수 있을까. 삶, 삶, 삶.

영화 속의 여인은 네가 했던 일과 똑같은 일을 이루었다. 그녀는 사람들을 서로 연결해 주고, 그들의 말에 귀 기울이고, 그들을 보살피고, 위로하고, 달래고, 진정시키며, 조각조각 흩어진 삶을 한데 모은다. 너 역시 그녀처럼 다른 사람을 증오한 적이 없었다. 단 한 번도. 네게 고통을 준 자들조차도, 특히나 그러한 자들을, 증오하지 않았다. 너는 결코 누구도 떠나지 않았다. 슬픔과 부담도 재빨리 털어버리곤 했다. 조야한 시각으로 보면, 네 삶은 파란만장하고 수많은 이야깃거리로 가득했다고 말할 수 있으나 그러한 시각은 불완전하고 빈약할 뿐이다. 모든 건 훨씬 더 단순했다. 네 삶에는 이야깃거리가 거의 없었고, 너는 너의 사랑 이야기 속에서 오직 사랑만을 취했을 뿐이다. 나는 너에게 내 삶의 가장 큰 깨달음 중 하나를 빚지고 있다. 그토록 귀중한 이 진실, 사랑은 결코 한 자리에 머무르지 않는다는 것을. 아니, 어찌 머무를 수 있겠는가? 이 세상은 사랑이 머물 수 있는 자리를 허락하지 않는다. 사랑이 세상에 오기 위해서는 너를 닮아야만 한다. 비이성적이고, 성가시고, 설명할 수 없고, 광기 어린, 살아 있고, 살아 있고, 또 살아 있는.

영화 속의 여인처럼, 너 또한 아이를 낳으면서 죽을 수도 있었다. 네가 그런 일을 두려워한 적이 두 번 있었다. 엘렌이 태어났을 때와 클레망스가 태어났을 때. 나는 네게 감히 말하지 못했던 너의 죽음에 관해 자주 생각했다. 그건 내가 너에게 털어놓지 못했던 유일한 생각이었다. 네 안에 있는 어떤 것이, 너를 죽음의 가장자리로 데려가는 것 같았다고. 그것은 아마도 네 광기 어린 마음이 지닌 천진함과 극도의 순수함 때문이었을 것이다. 오늘, 나는 이 생각을 글로 쓴다. 하지만 아무런 실마리도 찾을 수 없고, 다른 어떤 생각보다 더 절실하지도 않다. 단지 이 땅 위, 너의 웃음이 사라진 대지 위에 안개처럼 뿌옇게 내려앉아 있을 뿐이다.

우리가 산책하던 곳을 생각하면 미소가 절로 떠오른다. 네다섯 군데의 산책 코스, 언제나 같았던 소박한 장소들. 생세르넹 숲, 베르리 공원, 위숑 근처의 길. 학생들을 가르치다가 시간이 남으면, 너는 나를 그곳들로 데려간다. 너는 한숨을 쉬며 도착한다. 자신을 위한 시간이 많지 않은 너는 지쳐 있다. 끝도 없이 피곤하고, 시간은 영원히 부족하다. 결혼, 아이들, 일로 인해 지친 일상은 결코 끝나지 않았다. 이 생을 가장 훌륭하게 보내는 방법은 아무것도 하지 않는 것이다. 너는 이 진정한 사치를 거의 맛보지 못했을 것이다. 크리스티앙, 5분쯤 시간이 나니까 생세르넹에 가자. 너는 이렇게 말하고 곧게 뻗은 오솔길을 걷곤 했다. 짜증 섞인 발걸음을 서둘러 내디뎠고, 나는 숨을 헐떡이며 너를 뒤따랐다. 너는 부족한 시간과 학교 일, 게걸스레 애정을 먹어 치우는 아이들에게 빼앗긴 기력을 자연에서 되찾곤 했다. 네 첫 딸이 자랐다. 이제 네가 키워야 할 아이는 동그란 얼굴에 짙은 눈을 가진 어린 클레망스만 남았다. 하지만 그건 중요한 게 아니다. 네 안에는 온갖 것들이 넘치도록 가득 차 있었고, 네 마음속에 있는 단 한 명의 아이는 이미 천 명분의 소란을 일으켰으니까. 생세르넹의 나무들, 파란 하늘을 들이켜는 게으른 기목들, 수많은 이들을 지켜본 적이 있는 그 나무들이 우리가 서둘러 걷는 모습을 바라보고 있었다. 크리스티앙, 시간이 5분밖에 없어. 막내 데리러 학교에 가야 해, 채점할 답안지가 산더미야, 식용유와 파스타면 사야 해, 편지를 써야 해, 사람들이 요구하는 걸 모두 해야만 해. 완벽하게, 완벽하고도 가뿐하게, 가뿐하게 해낼 뿐만 아니라 언제든 시간을 내주면서, 언제든 시간을 내줄 뿐만 아니라 향기롭고 우아하게. 밤마다 선데렐라가 되어야 하고, 낮에는 어떻게 하면 빌어먹을 호박을 마차로 바꿀 수 있을지, 어떻게 하면 5분의 산책을 5백 년 동안의 행복으로 바꿀 수 있을지 생각해야만 해. 크리스티앙, 조금만 더 빨리 걸어. 담배는 좀 끄지 그래. 좋은 공기를 누리지도 못하잖아. 소나무까지 갔다가 돌아올 거야. 괜찮아? 당신한테 너무 짧지 않아?

짧지 않았다. '단' 5분뿐이었어도 전혀. 지슬렌, 산책은 완벽했다. 완벽하지 않을 수 없었다. 네가 웃으며 거기 있었으니까.

너의 아이들, 클레망스, 엘렌, 가엘을 바라본다. 네가 죽은 후 몇 달이 흘렀다. 아이들은 이제 너의 부재를 배우는 중이다. 한 사람의 죽음이 우리에게 도달하는 데 그렇게 많은 시간이 걸린다는 것이 참으로 놀랍다. 우리의 두개골이 얼마나 단단한지, 현실이 그것을 꿰뚫는 데 얼마나 오래 걸리는지. 네 아이들은 나이가 서로 다르고, 있는 곳도 다르다. 나는 그들이 더는 길이 없다고 믿을 수밖에 없는 곳에 각자의 방식대로 길을 만드는 것을 지켜본다.

너를 어머니로 둔다는 것은, 쉬운 일이 아니었을 것이다. 모든 어머니는 불가능한 존재다. 너무 사랑하거나, 충분히 사랑하지 않거나. 그 일에는 올바른 기준이란 게 없다. 너는 아이들에게 모든 것을 주었다. 심지어 그들에게 너의 광기 어린 사랑에 저항할 수 있는 무기까지 쥐여주었다. 누구도, 특히 어머니조차도 들어가서는 안 되는, 그들 안에 필요한 공간을 찾을 수 있도록 말이다. 네가 마지막으로 읽은 책은 프랑수아즈 르페브르가 자폐증, 학교, 고단한 삶, 불합리한 교육제도와 그것을 융통성 없이 추종하는 심각한 어리석음에 대해 쓴 명상록이었다. 어리석은 자들에겐 보고 듣기 위한 사랑이 결여되어 있으며, 그런 결핍 때문에 그들을 알아볼 수 있다. 네가 가장 마음에 들어 했던 구절은 '당신을 사랑하기 때문에 당신과 싸우는 거예요'라는 문장이었다. 너는 그 구절이 '특히 어머니들을 위해' 불을 켜준 문장이라고 저자에게 말했다. 네 아이들도 때때로 네게 같은 말을 했을 것이다. 아니, 실제로 그렇게 말하곤 했다. '엄마 사랑해, 그래서 난 엄마와 싸우는 거야'라고. 너를 둘러싼 삶은 결코 평온하지 않았다. 그리고 그건 그것대로 괜찮았다. 우리는 죽음 전체를 쉼으로 남겨두고 있으니까.

네 마지막 여행지는 크뢰조의 생통드라였다. 1995년 8월 11일 금요일. 자동차 뒷좌석에 클레망스가 앉아 있다. 너는 미친 듯한 속도로 차를 몬다. 다른 두 아이가 리옹으로 떠나기 전에 무슨 일이 있어도 도착하길 원한다. 어떤 값을 치르든 상관없이 무언가를 원할 때의 너는 무서우리만치 아름답다. 실패하는 일은 거의 없다. 너는 제시간에 도착한다.

이제 세 아이들, 클레망스, 엘렌, 가엘이 마당에 있다. 너와 함께 장난치고 너에 대해 농담하고 웃으면서. 죽음의 낫이 어둠 속에서 너를 향해 내리치기 시작하던 그 순간에도, 너는 그 아이들을 볼 수 있었을 것이다.

너는 마지막 순간이 임박할 때까지도 네 삶에서 가장 중요한, 사랑하는 세 아이와 함께 웃었을 것이다.

네가 죽고 며칠 동안은 너무 괴로운 나머지 네 사진을 볼 수가 없었다. 지금은 사진을 보아도 담담하다. 너는 죽기 나흘 전에 사진을 찍었는데, 그것이 너의 마지막 사진이 되었다. 사진들 속에서 나는 네 옆에 있다. 무덤덤하게 사진을 바라본다. 내게는 증거나 흔적이나 표식이 필요치 않다. 너는 내게 속한 적이 결코 없었다. 너는 단 한 번도 누구의 소유인 적이 없었다. 너는 네가 만난 사람들을 온전히 사랑했고, 그 사랑 안에서 빛나는 자유를 한 번도 놓친 적이 없었다. 사진에는 자유의 이미지가 없다. 그 이미지를 담을 수 없다. 너는 사진 속에 있는 것이 아니라 내가 살아 있음에서 느끼는 이 기쁨 속에 있고, 내가 자유로운 사람들을 만날 때 그들 속에 있으며, 앙토냉 아르토 같은 시인의 언어 속에 있다. 나는 그 글들을 다시 읽을 수가 없다. 읽는 순간, 사진의 황량함 속에서보다 훨씬 더 또렷하게, 너를 보게 되기 때문이다.

'우리는 누군가를 사랑할 때, 자연스럽게 그를 마음속에 붙잡아 두고 싶어진다. 그러나 존재한다는 것은, 사랑하는 이를 결코 자신의 소유로 삼지 않은 채 마음을 주는 일이다. 하지만 마음을, 어떻게 영원히 줄 수 있을까?'

너는 이 질문에 대한 답을 가지고 있다. 우리 모두가 답을 안다. 답은 우리가 사는 동안 질문에 스민 불안을 회피하지 않는 것이다. 답은 질문에 대답하는 것이 아니라, 지슬렌, 너처럼 춤추고 웃음을 터뜨리면서 질문 속에 영원히 머무르는 것이다.

나는 아르토의 이 문장의 빛 아래에서 글을 쓴다. 너의 존재를 드러내기 위해 글을 쓴다. 너에 대한 불안은 전혀 없다. 이 삶이 허무 속에서 잠깐 타오르는 불꽃에 지나지 않는다 해도, 혹은 다른 삶을 비추는 화면에 불과하다 할지라도, 난 개의치 않는다. 허무 혹은 신이라는 두 가설 안에서, 너는 1995년 8월 12일에 이 땅에서의 네 일을 끝마쳤다. 너는 누구도 버리지 않았다. 다만 살아생전 네가 온 곳을 돌아다녔듯, 본질 속으로 곧장, 가혹한 방식으로 죽음 속에 휩쓸려 들어갔을 뿐이다. 그럼에도 네 얼굴은 르네상스 화가들이 그렸던 여인들의 얼굴처럼 더할 수 없는 부드러움을 내비쳤다. 이 말에는 한 치의 거짓도 없다. 부드러움은 네 안에 다듬어지지 않은 상태로 있었다. 부드러움은 친절도 유순도 아니다. 인생은 난폭하다. 사랑은 난폭하다. 부드러움은 난폭하다. 만일 우리가 죽음의 가혹함에 소스라친다면, 아마도 그 까닭은 우리의 삶을 거의 허상에 불과한, 너무나 안온하고 온화한 터전에 두었기 때문일 것이다.

너는 사랑받고, 존중받고, 아낌없이 채워지고, 정성껏 보살핌을 받지만 그럼에도 네 삶은 평탄하지 않다. 인생이 쉬운 사람은 아무도 없다. 살아 있다는 단 하나의 사실만으로도 우리는 즉각 고난 속에 빠지게 된다. 우리는 세상에 태어나는 순간부터, 그리고 뜨거운 숨결에 영혼이 첫 화상을 입은 순간부터 관계를 맺기 시작한다. 그리고 우리가 맺은 관계들은 곧바로 뒤얽히고 복잡해지며 극심한 고통을 준다. 인생은 합리적이지 않다. 스스로를 속이는 경우만 제외한다면, 건축가의 설계도처럼 자신의 앞에 두고 수년에 걸쳐 묵묵히 세워나갈 수 있는 것이 아니다. 인생은 예측할 수도,

타협할 수도 없다. 훗날 죽음이 그렇듯, 삶도 우리에게 들이닥친다. 삶은 욕망으로 이루어져 있고, 욕망은 우리를 고통과 모순 속으로 몰고 간다. 너의 천재성은 네 모든 모순을 있는 그대로 받아들이는 것이었고, 그럴 수 없는 것들을 없애는 일에 네 힘을 낭비하지 않는 것이었다. 네 천재성은 고통 속에서 고통과 함께, 고통에 의해 앞으로 나아가는 것이었다. 네 천재성은 중재 없이, 대등하게 사랑으로 대하는 것이었다. 나머지 일들은 어쩔 수 없다. 하지만 무엇이 남았겠는가?

세월이 흐르면서 많은 사람들은 점차 체념하며 살아간다. 생기가 사라지고 합리적인 것 외에는 바라지 않는다. 그들은 '사는 게 다 그렇지, 뭐. 불가능한 것들이 있어. 그런 건 더 이상 말하지 않는 게 좋아. 생각도 하지 않는 게 나아. 안 되는 건 안 되는 거니까'라고 말한다. 하지만 너는 그 어떤 것에도 결코 굴하지 않았다. 너는 네 부드러움과 상반되는, 가슴을 죄는 초조함을 늘 지니고 있었다. 사랑에 절망하는 일조차, 너에게는 여전히 사랑하는 한 방식이었다. 너는 사랑 그 자체였다. 네 눈이 그렇게 말했고, 네 목소리가 그렇게 말했고, 네 삶 전체가 그렇게 말하고 있었다. 죽음은 '사랑'을 빼앗을 수 없다. 그렇다면 도대체 죽음이 네게서 낚아챌 수 있었던 건 무엇이었을까?

우리는 너무 서두르고 부정확하게 글을 읽는다. '사랑은 죽음처럼 강하다.'* 아빌라의 성녀 테레사가 자주 인용한 이 유명한 말에서, 대부분의 독자가 간과하는 가장 중요한 단어는 '처럼'이다. 너는 그 외의 어떤 것도 결코 믿지 않았다.

* 아가서 8:6

네 생애 마지막 해, 너는 세 살인 클레망스에게 읽기를 가르쳐야겠다고 생각한다. 클레망스는 책을 좋아하고, 시립 도서관에 가면 가장 두꺼운 책을 고르곤 한다. 어느 날 너의 집에 가보니, 집 안 곳곳에 단어들이 붙어 있다. 대문자로 쓴 단어와 소문자로 쓴 단어가 위아래로 적혀 있는 종이들. 거실문에 붙인 커다란 흰 도화지에는 '거실문'이라는 단어가, 냉장고에는 '냉장고'라는 단어가 대문자와 소문자로 쓰여 있다. 이렇게 모든 공간의 의자와 가구에 글씨들이 붙어 있다. 늘 최상의 완벽함에 도달할 줄 알았던 너는 뒤죽박죽인 집을 한층 더 혼잡하게 만들었다. 네 딸이 읽는 법을 배우길 원했던 너는 집 전체를 이미지로 가득 찬 책으로 바꾸었다. 이보다 더 간단한 방법은 없을 것이다. 클레망스는 너와 함께 단어들의 별자리 속에서 놀기도 하지만, 때로는 전혀 관심을 두지 않은 채 다른 놀이를 찾아 밖으로 나간다. 너는 강요하지 않는다. 아이가 읽는 법을 배우길 원하는 네 바람이 아무리 강하다 하더라도, 그 바람이 네 귀를 막지는 않는다. 중요한 것은 아이들의 즐거움이었으므로. 하늘에서 떨어지는 알파벳이든, 방 안의 구석진 곳에서 고안해 낸 바보 같은 장난이든, 아이들의 즐거움이 어디에서 오든 간에.

　주방으로 가는 복도의 벽, 바닥에서 60센티미터쯤 되는 곳에 너는 레오나르도 다빈치의 그림이 인쇄된 달력을 걸어놓았다. 달력이 그렇게 낮게 걸린 것을 이상히 여기는 내게 너는 말한다. 하루에도 몇 번씩 그 앞을 지나다니는 아이의 눈높이에 맞춘 거라고, 아름다움은 다른 것들만큼, 어쩌면 그보다 더 우리를 깨우친다고. 나는 그 배려 속에서 너를 알아본다. 그림을 아이의 눈높이에 맞게 걸어야겠다는 생각보다 더 훌륭하게 지혜를 증명해 보여주는 것이 있을까. 지혜로움이란 가장 소중한 것을 다른 이에게 제안하는 것이며, 만일 그가 원한다면, 원할 때 사용할 수 있도록 모든 채비를 갖춰놓는 것이다. 지혜로움, 그것은 자유를 수반한 사랑이다. 그래, 언제나, 어디에나 네가 있다. 바닥에서 60센티미터 위에도, 붉은 가을 하늘의 깊은 끝자락에도.

작은 땅을 지나가는 너를 본다. 생통드라의 네 어머니 집과 네 언니 집을 가르는, 아니 그보다는 오히려 두 집을 이어주는 완만한 경사의 대지. 위쪽, 첫 번째 집 근처에 거대한 전나무가 두통이라도 앓는 듯 볼품없는 모습으로 서 있다. 마치 가족들 품에서 자라고 있는 사춘기 아이의 모습 같기도 하다. 여전히 구슬놀이를 하던 열두 살의 아이가 그로부터 3년 만에 미숙한 거인이 되어 스스로를 난처해하는. 그 아래, 두 번째 집 앞에 보리수 한 그루가 있다. 전나무보다 작고 배가 툭 튀어나온 나무는 흡사 유명인사라도 된 듯 자신을 과신한다. 여름이면, 나무는 바로 아래 테이블의 방수식탁보 위에 장난스럽게 나뭇잎을 흩뿌린다. 나는 이 두 나무가 네 죽음을 어떻게 알게 되었는지 모른다. 어쩌면 1995년 8월 16일 수요일에 열렸던 네 장례식 때 알았을 수도 있다. 그들 주위로 평소보다 훨씬 많은 사람들이 모여들었고, 이상하게도 그들 모두 침묵을 지켰으니까. 너는 생통드라를 사랑했다. 너는 휴식을 취하고 책을 읽고 우정을 쌓으러 그곳에 가곤 했다. 두 나무, 전나무와 보리수, 청소년과 유명인사, 너는 두 나무를 사랑했고, 그 나무들 또한 네 웃음을 조금은 모아두었을 것이다. 다가올 여름들에서, 너에게도, 그들에게도, 그 누구에게도 어울리지 않을 그 침울한 색조를 걷어낼 만큼 충분히.

나는 그리스도에게로 다시 돌아간다. 그러나 다시 돌아간다는 말은 적합하지 않다. 그건 뒤로 향하는 일이 아니다. '그 일'은 언제나 앞으로, 언제나 '앞에서' 일어난다. 따라서 나는 그리스도의 무정한 말을 향해 나아간다. '죽은 자들은 죽은 자들이 장사지내게 하라.' 나는 이 말을 좋아하고, 이 말과 나는 조화를 이룬다. 나는 지금 단지 살아 있는 한 사람에 대해 말하고 있다. 시간의 음침한 숲과 영원의 빈터를 가르는, 아니 그보다는 오히려 두 곳을 이어주는 완만한 경사의 작은 대지를 지나가는, 지금 내 눈앞에 선명히 보이는 그녀를.

포레의 <레퀴엠>을 듣는다. 마침내 나는 현실이 아닌 머릿속에서 음악을 들을 수 있게 되었다. 나에겐 이제 그 음반이 없고, 어디 있는지 찾지도 못한다. 이곳에는 음반이 너무 많다. 책도 너무 많고, 모든 게 너무 많다. 나는 물처럼 부드러운 음악, 포레의 <레퀴엠>을 아무것도 없이 듣는다. 이 곡이 들려주는 죽음은 오로지 삶에 대해서만 얘기한다. 음의 파동과 변화무쌍한 음색은 죽음은 없고 삶만 있을 뿐이라고 말하는 듯하다. 나는 다른 레퀴엠을 좋아하지 않는다. 모차르트나 베르디의 기계적인 음들은 해골 같은 죽음을 찬미하며, 차가운 행렬 속에 밤을 들여보낸다. 나는 오직 이 음악만을 사랑한다. 이제는 굳이 들을 필요도 없는 음악. 불 꺼진 네 얼굴을 쓰다듬는 빛의 손길, 오래도록 이어지는 부드러움. 10년 동안 너는 합창단의 일원이었고, 올해는 포레의 <레퀴엠>을 부를 예정이었지만, 그건 이제 부르지 못하게 되었다. 내게 그 음반은 더 이상 필요하지 않고, 아쉽지도 않다. 오늘 아침 내게 필요한 것이 무엇인지를 생각한다. 아마도 침묵이리라. 모든 말과 음악이 부서지는 모래와도 같은 침묵. 나는 이 침묵을 얻으려 글을 쓴다.

네가 죽은 다음 날, 나는 더는 아무것도 쓰지 않겠다고 생각했다. 죽음은 흔히 우리를 그런 상태로 몰아넣는다. 죽음은 우리를 유치함으로 데려간다. 멜랑콜리 속엔 언제나 아이 같은 구석이 있다. 우리는 마치 심통을 내다가 계속해서 그 기분에 사로잡혀 버리는 아이처럼, 인생이 우리를 벌한다고 생각하고 인생을 벌하길 원한다. 그러나 나는 곧 깨달았다. 내게는 적어도 써야 할 이 한 권의 책이 남아 있다는 사실을. 그것은 지금 바로일 수도, 10년 후일 수도 있었다. 그리고 이제 나는 명확히 깨닫는다. 지금도, 10년 후에도 마찬가지라는 것을. 포레의 음반에는 <레퀴엠>이 있고, 라신의 <성가>가 뒤이어 나온다. 나는 오랫동안 두 작품을 하나라고 착각했다. <성가>는 눈처럼 부드럽다. 10년 후, 나는 너에 대해 쓸 또 다른 책 안에 그 눈이 내리게 할 것이다. 10년 후, 너는 어디에 있을까. 여전히 이 침묵 속에 있겠지. 일상의 시간들과 함께 하지 않으면서도 그 시간들에 스며든 부드러움 속에 있겠지. 그 시간들과 함께 흐르지 않으면서도. 그 시간들과 함께 흐르지 않으면서도. 그 시간들과 함께 흐르지 않으면서도.

엘렌이 사는 그르노블에 다녀온다. 너는 얼마나 나를 돌아다니게 하는지. 3시간 반이 걸리는 길. 이제는 그 여정의 작은 굴곡 하나까지도 익숙해질 정도다. 네가 잠든 묘지에서 6~7킬로미터 떨어진 레자브레를 지나면 도로가 높아지고, 순백의 산들과 초록 숲, 파란 하늘이 저마다의 색을 뽐낸다. 그 전에 라브레스가 있고, 뒤이어 평지가 이어지는 이제르 지역이 나온다. 생통드라 주변의 시골 풍경은 크뢰조 근처와 비슷하지만, 숲이 훨씬 적다. 너는 삶의 대부분을 이 두 지역, 부르고뉴와 도피네 사이에서 보냈다. 하지만 이렇게 말하고 나니 어딘가 어색하다. '지역'이라는 단어는 마음에 너무 흐릿하다. 내 고향은 가로 21센티미터, 세로 29센티미터, 하얀 종이 한 장의 크기다. 가장자리에 크뢰조 마을이 있다. 혹시라도 더 정확하게 표현해야 한다면, 거기에 주변의 평야들을 조금 더해야 하리라. 오툉은 불과 30킬로미터 거리지만, 그곳은 벌써 내 고향이 아니다. 디종 대학에 다니던 시절, 샤니를 지나면 — 차로 고작 20분쯤 거리였지만 — 그때부터 나는 이미 이방인이었다. 어떤 나무가 사라지는 지점, 정확히 그 자리에서부터 경계가 느껴졌다. 우리가 사는 땅은 사람들과 같다. 하늘의 어떤 색깔, 땅의 어떤 굴곡 같은 사소한 것들로도 식별된다. 내가 생각하는 네 고향은 이제르가 아니다. 그건 어떤 집, 도피네 지역 특유의 집들, 그러니까 '메종 도피누아즈'라고 불리는 것들이다. 그 집들은 독특한 형태의 지붕을 가지고 있는데, 그 덕분에 다부지면서도 가벼운 느낌을 주고, 눈이 즐거워지는 조화를 이룬다. 그 집들을 보면 17세기 궁전 건축이나 라신의 작품들 속에서 쉽게 찾아볼 수 있는 세련된 선과 황금비율을 떠올리게 된다. 때로는 격정적이던 네 마음도 어쩌면 그런 형태였을 것이다. 도피네 집처럼 다부지고 가벼운. 솔직히 말해서, 만일 네가 다른 지방에서 살았다 해도, 나는 그곳에서도 여기만큼 멋진 매력을 발견했을 것이다. 우리는 특정한 어느 지역에서 살지 않는다. 심지어 이 땅 위에서 사는 것도 아니다. 진정한 거처는 우리가 사랑하는 사람들의 마음속에 있다.

생통드라에서 은퇴한 다음, 말년을 보내기 위해, 네가 네 마을, 네 집, 네 은둔처로 삼고 싶어 했던 곳은 도피네 스타일의 집이다. 너는 그런 집을 발견하지만, 너보다 몇 분 전에 다른 사람이 구매자로 나섰기에 거기에 들어가는 건 불가능하다. 너는 계약을 철회하도록 집주인을 설득하는 데 성공한다. 소송이 시작된다. 재판은 느리게, 너보다 훨씬 더 느리게 진행된다. 물질적인 것에 개의치 않던 네가 주인에게 끈덕지게 전화를 하고, 네 간절함을 호소한다. 네가 쉬지 않고 끝까지 싸운 것은 이번이 처음이다. 너는 이 집에 대해 자주, 거의 집착처럼 자주 얘기한다. 사람들이 이 집은 전기를 설치해야 하고, 겨울이면 도로에 눈이 쌓인다고 단점을 들먹이면, 너는 그렇다고 수긍하면서도 벽 앞의 들장미 나무를 보았느냐고, 테라스에 부는 부드러운 바람을 느껴봤느냐고, 경사진 이 작은 정원이 너무 아름답지 않으냐고 되묻곤 한다. 우리가 원하는 것에는 언제나 그 이상의 것이 있다. 너는 훗날 네 아이들을 위해 이 집을 꿈꾼다. 하지만 너는 또한 이 집 안에 깃든 고독을 원한다. 남편들이 결코 견디지 못하는 고독. 남편들을 향하지도 않고, 아이들을 향하지도 않는, 생통드라 언덕 위의 얼마 안 되는 고독. 생각하고 꿈꾸고 책을 읽고 기다릴 수 있는, 텅 빈 방 하나. 누군가

"거기 계세요?"라고 물을 때, 더 이상 "있어요"라고 대답하지 않아도 되는, 빛과 고요로 감싸인, 도피네의 조그만 고독의 공간.

남자들은 순종적인 소년들이다. 그들은 배운 대로 살아간다. 어머니에게서 떠나야 할 시간이 오면, 그들은 이렇게 말한다. "좋아요. 하지만 내겐 여자가 필요해요. 오직 나만을 위한 여자들이 있어야 해요. 내 침대에, 내 식탁에 여자가 필요해요. 내 아이들의 엄마이자, 어린 시절의 병에서 결코 나을 수 없는 나의 엄마가 되어줄 사람이 필요해요." 그들이 보기에는 여자를 붙들어 둘 수 있는 최상의 방법이 결혼이다. 그런데 결혼을 하고 나면, 결혼생활을 월급 받는 일이나 토요일마다 장을 봐야 하는 일처럼 피할 수 없는 부역이나 고역으로 여긴다. 아내를 맞이하고 난 후에는 더 이상 아내를 생각하지 않으며, 컴퓨터를 만지작거리고, 선반을 고치고 정원에서 잔디 깎는 기계를 돌린다. 이는 악천후처럼 고난 가득한 삶에서 그들이 휴식하는 방법이며, 떠나지 않고 떠나는 방법이다. 남자에게는 결혼과 함께 무언가가 끝난다. 여자는 반대여서 무언가가 시작된다. 여자는 청소년기부터 자신만의 고독으로 곧장 나아간다. 고독과 결혼했다고 할 수 있을 정도로 고독을 향해 곧바로 나아간다. 고독은 체념일 수도 있고 힘일 수도 있다. 결혼을 하고 나서 여자는 그 둘 모두를 발견한다. 결혼은 대개 여자들에 의해 원해지는 이야기이다. 오직 여자들만이 그것을 깊이 꿈꾸고, 끝내 감당해 낸다. 그래서 때로 그녀들은 지치고, 조용히 떠난다. 혼자가 되더라도, 차라리 온전히 혼자가 되기 위해.

 너는 두 번 결혼했다. 두 번 다, 순결함과 순수한 사랑 안에서. 그러나 단언하건대, 누구도 네 안에 자리한 사랑에 대한 갈망을 충족할 수 없다는 그 깨달음은, 아주 일찍, 네 첫 번째 결혼보다 훨씬 전부터, 이미 너에게 주어졌을 것이다. 우리 마음속에 자리한 심연을 메울 수 있는 사람은 아무도 없다. 아마도 신만이 가능하리라. 그러나 우리는 아직 신을 데리고 결혼 서약을 하러 시청에 갈 방법을 찾지 못했다. 아마도 그 점에서, 나는 너를 가장 이해하지 못하는지도 모른다. 결혼이라는 상태를 내가 한 번도 경험해 보지 못했다는 사실이 본질적인 결핍일 것이다. 우리는 삶 속에서 삶을 날것 그대로 붙잡는, 그런 경험을 통해서만 비로소 이해할 수 있다.

어떤 관계가 됐든, 누군가와 관계를 맺을 때 우리는 이미 모든 것을 알고 있다. 한 사람이 문을 통과하는 순간을 보기만 해도, 그가 어떻게 자신의 영혼을 이끌고 여행하는지를 바라보기만 해도, 그 사람에 대해 다 알 수 있다. 그의 과거와 현재, 미래까지도. 나중에 그 사람이 무엇을 줄지는 지금 이 순간에도 알 수 있다. 그렇다면 결혼할 때 우리는 누구와 결혼하는 것인가? 신부의 마음속에는 무엇이 있는가? 수백 년 동안 발전해 온 신학이나 정신분석학도 내게는 에디트 피아프의 샹송만큼 깨달음을 주지 못한다. 너 푼짜리 노래라고도 할 수 있겠지만 황금의 가치를 지닌 너 푼이다. 에디트 피아프의 샹송은 명백한 사실을 말한다. 사랑에 빠진 여자는 모든 것을 잊어버리며, 심지어는 사랑에 대해 알고 있는 것조차 망각한다는 사실을.

아뇨, 나는 아무것도 후회하지 않아요
사람들이 내게 했던 좋은 일도 나쁜 일도 내겐 모두 똑같답니다.
아무것도 아니고, 별것도 아니에요

나는 아무것도 후회하지 않아요
내 삶, 내 기쁨은 오늘 당신과 함께 시작하니까요

각자의 인생마다 견디기 힘든 일이 있다. 누구나 인생의 밑바닥에는 끔찍이도 무겁고 단단하고 거친 무언가가 있다. 마치 가라앉은 침전물, 납덩이, 얼룩과도 같은 것. 슬픔의 침전물, 슬픔의 납덩이, 슬픔의 얼룩. 성자나 떠돌이 개들을 제외하면, 우리는 모두 심각하든 가볍든, 어느 정도 슬픔에 감염되어 있다. 슬픔은 축제 속에서도 모습을 드러낸다. 기쁨은 이 세상에서 가장 드문 질료이며, 도취나 낙관, 열정과는 아무 상관이 없다. 기쁨은 감정이 아니다. 우리의 모든 감정은 의심스러운 것들이다. 기쁨은 내면에서 오지 않고, 우리 밖에서 별거 아니라는 듯 공기처럼 가볍게 떠돌다가 마음에 불쑥 내려앉는다. 우리는 기쁨보다는 이전의 경험과 자신의 무게와 깊이를 한껏 내세우는 슬픔을 더 신뢰한다. 기쁨에는 이전의 경험도, 무게도, 깊이도 없다. 기쁨은 온통 시작이고, 비상이자, 종달새의 떨림이다. 기쁨은 세상에서 가장 소중하고 가장 가난하다. 기쁨을 보는 건 아이들뿐이다. 아이들과 성자와 떠돌이 개, 그리고 너만이. 너는 날아다니는 기쁨을 붙잡고, 곧장 다시 돌려보낸다. 기쁨이란, 그 이상 어떻게 할 수 있는 게 아니니까. 그리고 너는 웃는다. 네게 주어진, 네가 받아들인 그렇게도 풍요로운 부富 앞에서 네가 할 줄 아는 건 웃는 일뿐이다. 물론 너 또한 다른 이들처럼 네 삶에 깃든 그 끔찍한 것과, 그 무겁고 단단하며 거친 그림자와 마주한다. 너는 그것에게도, 다른 모든 것들과 마찬가지로, 자리를 내어준다. 너는 슬픔에게 문을 열어준다. 너무나 다정하게 맞이하기에, 슬픔은 길을 잃고, 제 어두운 태도를 잃으며, 그래서 더는 누구도 그것을 슬픔이라 알아보지 못한다.

은총은 언제나 값비싼 대가를 치른다. 끝없는 기쁨은, 그에 상응하는 끝없는 용기를 동반한다. 나는 네 웃음 속에서 네 용기의 소리를 들었다. 그건 삶조차 감히 그림자를 드리울 수 없는, 삶을 향한 지극한 사랑이었다.

첫눈이 차가운 대지 위를 나풀나풀 날아다닌다. 전위예술처럼 내리는 눈은 땅에 머무르지 않고 핑그르르 세 번 돌다가 공중에서 두 번 춤추고 훌쩍 다시 떠난다. 눈은 어린아이다. 죽음은 어린아이다. 사랑은 어린아이다. 죽음은 사랑처럼 눈앞이 하얘질 정도로 우리를 혼미하게 한다. 사랑은 눈처럼, 죽음은 사랑처럼 우리 안에서 어린 시절의 열병을 깨운다. 죽음은 갓난아기나 노인, 혹은 마흔네 살이나 곧 마흔다섯 살이 될 요정들을 낚아채고, 그 직전에 그들에게서 나이를 지운다. 죽음, 사랑, 눈은 우리를 시간 밖으로 데려간다. 내리는 눈 앞에서 우리는 모두 어린아이다. 사랑 앞에서 우리는 모두 어린아이다. 죽음 앞에서 우리는 모두 어린아이다. 눈은 흰옷을 입고 땅에 첫발을 내디딘 한 살이나 두 살 먹은 어린 여자아이다. 눈은 나타났다가 사라지고 다음 해에 다시 나타난다. 그리고 언제나 같은 나이여서 결코 늙지 않는다. 너는 눈을 닮았다. 너는 시간의 끝에서도 마흔네 살, 마흔다섯 살이다. 너는 늙는 것을 두려워했으나 이제 더는 늙지 않는다. 시간이 종말을 고할 때까지 네 이름을 읊조리는 내 혀끝에는 핑그르르 세 번 돌다가 공중에서 두 번 춤추는 첫 눈송이의 서늘함이 남을 것이다. 첫눈을 보게 되어 기뻤다. 행복하기도 했고 불행하기도 했다. 나는 **네가 이제는 결코 할 수 없는 것들**을 열거해 보았다. 너는 이제 더는 결코 눈을 보지 못한다. 너는 이제 더는 결코 라일락을 보지 못한다. 너는 이제 더는 결코 태양을 보지 못한다. 너는 눈이 되었고, 라일락이 되었고, 태양이 되었다. 거기서 너를 다시 보게 되어 슬프면서도 행복했다. 늘 그랬듯이 하늘과 땅 사이에서 춤추는 너, 흰빛으로 흩어지는 너, 핑그르르 세 번 돌다가 공중에서 두 번 춤추는 마흔네 살의 너, 너무도 젊고 싱그러운 너. 눈과 라일락과 태양, 그리고 잉크. 나는 이제 어디에도 없는 너를 사방에서 다시 본다. 책 속에서도. 네가 떠난 뒤 나는 책을 읽기 어려웠다. 이제는 조금 나아졌다. 제목으로 충분하다. 나는 책장으로 고개를 돌려 책 제목에 눈길을 준다. 예전에 꽂아두었던 책 두 권이 여전히 그곳에 있다. 너는 그 책들의 제목을 본 적이 있다. 『순수하고 상심한 영혼들의 거울』, 『내가 없는 내 인생』. 이제 너는 그 책들 속에 스며들었다. 이들이 주는 부드러움 속으로, 제목 아래에서 빛나는 눈송이 속으로. 나는 네가 알지 못하는 제목의 세 번째 책을 그 옆에 꽂아두었다. 어제 침대 밑에서 그 책을 다시 찾았다. 표지가 반쯤 찢겨, 아니, 갉아 먹힌 듯했다.

　몇 해 전 엘렌이 토끼를 키운 적이 있다. 휴가를 떠날 때 너는 내게 토끼를 봐달라고 부탁했다. 나는 토끼를 우리에서 꺼냈고, 그러자 토끼는 내 아파트를 굴처럼 만들어 버렸다. 밤이면 책을 갉아댔다. 아무 책이나 그런 건 아니었다. 어떤 종이의 맛과 냄새에 끌렸던 것 같다. 그 책, 한 권의 철학책을 아주 마음에 들어 했던 모양이다. 표지 절반을 갉아 먹었지만, 『완전한 현존』이란 제목은 여전히 읽을 수 있었다. 책을 펴자 이런 문장이 눈에 들어왔다. '우리가 곧 읽을 작은 책은 생각과 삶에 대한 신뢰를 보여준다.' 나는 책을 덮고 미소를 지었다. 더 이상 읽을 필요는 없었다. 네가 거기에 있었다. 그 몇 마디의 기쁨 속에 온전히 살아 있었다. 네가 죽은 후, 그나마 읽을 수 있었던 건 철학책들뿐이었다. 의미나 답을 구한 것은 아니었다. 그런 것을 줄 수 없다는 걸 나는 알고 있다. 그러나 목소리, 문체, 톤은 마음에 울림을 주었다. 철학 안에는 마음을 진정시키는 무언가가 있다. 어쩌면 살아 있는 자를 이미 죽은 자인 듯 말하는 방식 때문인지도 모른다. 하지만 철학책을 읽는 시간은 지속되지 않았다. 대신 '작가로서' 받았던 우편물과 편지들을 읽는 시간은 계속 이어졌다. 1995년 8월 12일 이후, 나는 그들의 질문에 더는 답변하지 않는다. 앞으로도 답을 하는 일은 없을 것이다. 너는 죽었지만 나는 네 삶의 과제를 이어간다. 네 죽음은 나를 해방시키고, 내 짐을 풀어주고, 『내가 없는 내 인생』, 『순수하고 상심한 영혼들의 거울』, 『완전한 현존』이라는 책 제목처럼 내 삶을 무중력 상태로 만들어 준다. 나는 시시때때로 이 책들을 바라보다가 다시 창문 앞으로 돌아간다. 큰 깨우침을 주는 아무리 위대한 텍스트들일지라도 처음 내리기 시작하는 눈송이들보다 더 환한 빛을 발하지는 않는다.

네가 매년 학생들에게 추천했던 프레드 울만의 『동급생』을 방금 다 읽었다. 1930년대 독일을 배경으로 펼쳐지는 이 소설은 태동하는 야만성에 관해 쓴 영원히 변하지 않는 이야기이며, 가장 약한 자들에게 야만성이 어떻게 영향을 미쳤는지에 관해 말하고 있다. 네 수업에 들어가서 책에 대한 너의 평을 들었다면 얼마나 좋았을까. 그래도 나는 네 말을 들을 수 있다. 너는 이 세계와 어떠한 타협도 절대 하지 않았다. 마흔네 살이 될 때까지 열여섯 살의 심장을 지닌 채 살았고, 그 안에는 이성적인 권태나 최악을 받아들이는 체념이 들어설 자리가 없었다. 너는 이 세계가 시장 논리에 따라 어떻게 너의 직업을 침식해 가는지를 지켜볼 시간을 가졌다. 기업과 손잡은 학교, 낡은 체제를 고치려는 적응 논리, 그럴듯한 말들은 끊이지 않았다. 종속을 주장하는 입장은 결코 부족한 적이 없다. 프레드 울만의 책을 읽으라고 권유하는 것은 생각하는 데 꼭 필요한 고요함과 경이로움을 젊은 정신들에게 전해주는 일이었다. 우리는 우리가 내뱉은 말이나 쓴 문장들이 장차 어떻게 될지 전혀 알지 못한다. 네 제자 중 단 한 명이라도 자기 자신과 세계에 대한 성찰을

키우는 데 이 책이 도움이 됐다면, 너의 모든 노력은 보상받은 것이다. 이 책은 1930년대의 독일만을 말하지 않으며, 악이 발현하는 단계를 보여준다. 악은 처음에는 전혀 눈길을 끌지 않고, 언제나 친절하고 겸손하게 시작한다. 자기를 낮추며 시작한다고 말할 수도 있다. 악은 문 아래로 스며드는 물처럼 시대의 분위기 속에 침투한다. 처음에는 아무것도 아니다. 약간의 습기만 있을 뿐이다. 그러다 물이 들이닥칠 즈음이면 그땐 이미 늦은 것이다. 악은 언제나 선량한 이들의 미적지근함과 상식에 기대어 퍼져간다. 이 세상에서 가장 끔찍한 일들은 언제나 그 선량한 이들에 의해 초래되어 왔다. 내가 방금 발견한 도스토옙스키의 편지를 네게 보여주었더라면 좋았을 텐데. '당신은 알고 있습니까? 지나치게 자신이 '정상'이라고 확신하는, 바로 그 확신 때문에 병들어 있는 사람들이 아주 많다는 것을.' 이 문장을 적으며 웃음이 나왔다. 너무나 분명한 사실을 떠올리며 웃음을 짓는다. 지슬렌, 너는 정상적인 사람이 전혀 아니었다. 너는 감탄을 자아낼 만큼 미친 사람이었다.

자신에 대한 본능적인 신뢰와 자신에게 주어진 모든 자유를 스스로 파괴하고 스스로 죽어버리기 시작한 사람들의 손에 달려 있는 세상은 너무도 끔찍한 살의로 가득 차 있다. 나는 사람들이 자신에게 허용하는 자유가 거의 없음을 보면서 늘 놀란다. 관습의 창문에 달라붙어서 숨 쉬는 방식, 거기서 나오는 입김은 살아가고 사랑하는 데 방해가 될 뿐이다. 지슬렌, 너는 존재할 수 있는 가장 아름답고, 가장 깊고 신선한 숨결을 지니고 있었다. 어쩌면 그래서 너의 죽음이 이토록 생생한 것인지도 모르겠다. 마치 한 아이의 죽음처럼, 세상의 무게가 문득 더해지고, 공기는 거의 사라져 버린 듯하다.

이 세상에는 나를 깨우쳐 준 두 얼굴이 있다. 이제 그 두 얼굴은 모두 땅속으로 돌아갔다. 미소 짓는 첫 번째 얼굴과 웃음을 터뜨리는 두 번째 얼굴. 두 얼굴은 검은 땅 깊은 곳에 있지만 그들이 발하는 빛은 여전히 내게 전해진다.

첫 번째 얼굴은 한 여인의 얼굴이다. 사진 속 그녀는 서른 살쯤 되어 보인다. 온전히 드러나는 건 얼굴과 상반신뿐이다. 그녀는 고운 레이스 블라우스를 입고, 정면을 향해 약간 미소 지으며 응시하고 있다. 흰 레이스 구름에서 나온 얼굴 주변에는 '양차 세계 대전'이라고 불리는 시대의 어둠이 깔려 있다. 그녀는 내 어머니의 어머다. 그녀를 본 것은 두 번뿐이었다. 첫 번째는 내가 어렸을 때, 어머니와 함께 한 노부인을 방문한 때였다. 그 집은 복도가 많은 곳이었다. 두 번째로 본 것은 그녀를 관으로 옮기기 위해 작은 방에서 꺼낼 때였다. 그녀는 정신병원에서 40년간 살았다. 병명은 정신분열증이었다. 열쇠 꾸러미 같은 이름, 이중으로 잠근 이름의 병. 불행은 부富처럼 여러 세대에 걸쳐 쌓이지만, 그 모든 것을 소모하는 데는 단 한 사람으로 충분하다.

그녀의 고통은 아주 오래전 선조 대에서 시작되었을 테지만, 나는 이 여인의 조상들에 대해 아는 것이 거의 없다. 병은 결코 원인이 아니다. 병은 고통에 맞서 우리가 스스로 만들어내는 가련한 하나의 응답이다. 나는 그 응답을 안다. 그러나 질문이 무엇이었는지는 모른다. '우울증'과 그 시대에 부족했던 약, 그리고 빈약한 의학 지식 때문에 그녀의 병은 더 악화되었을 것이다. 결국 정신병원에 수용되는 건 피할 수 없었다. 나는 그녀의 남편을 안다. 그는 죽을 때까지 내 부모님 집에서 거주했다. 나쁜 남자는 아니었다. 단지 여자가 기댈 수 있는 남자가 아니었을 뿐이다. 기댈 수 있는 남자, 여자들이 찾는 이런 남자가 과연 존재할까? 나 역시 다른 모든 사람들처럼 볼 수 있는 눈을 가졌다. 나는 보고, 내가 본 것에 따라 글을 쓴다. 글을 쓰기 시작했을 때부터, 나는 줄곧 그 사진을 바라보았다. 왜 그런지는 나도 모른다. 하지만 그 알 수 없음에서 나는 힘과 명료함을 얻는다.

두 번째 얼굴은 당연히 너의 얼굴이다. 첫 번째 얼굴과 닮았는데, 마치 네거티브 필름과 인화된 사진처럼 모든 것이 똑같지만 반전되어 있다. 너의 광기는 삶으로 향해 있다. 너는 내가 한 번도 보지 못했던 가장 온전한 사람이다. 세상이 시작된 날부터 모든 여자들이 바라던 것을 너는 원했다. 네가 원한 건 자유와 사랑, 자유 속에서 열려 있는 사랑, 사랑 안에서 행하는 자유였다. 그건 불가능한 일일까? 그렇다, 불가능하다. 그러나 너는 그것을 살아냈고, 그 삶을 결코 포기하지 않았다. 상처를 입고, 시련을 겪어도 멈추지 않았다. 자유로운 여성들조차 결코 완전히 자유롭지는 않다. 그녀들은 언제나 두 전쟁 사이에서 살아간다.

다시 눈이 내린다. 이번에는 머문다. 풍경 속 작은 차이들을 뒤덮으며 시야를 단순하게 만든다. 그리고 너의 죽음 또한 오래 머문다. 지상에서 네가 남긴 작은 고유함들을 조용히 덮어버린다. 네가 자동차 좌석에 놓았던 쿠션, 여름에 사용하던 오렌지색 고깔모자, 서랍 깊숙이 감춰놓아도 네 딸 엘렌이 언제나 찾아내던 감초사탕, 하도 오래 입어서 거지도 손사래 쳤을 울 소재의 묵직한 보라색 실내가운, 니체, 키르케고르, 혹은 파스칼에 대해 말하는 테이프를 끼워 듣던 워크맨, 학교가 끝나고 집에 돌아온 아이들처럼 네가 즐겨 마시던 핫초콜릿, 너의 아파트 발코니에서 정성껏 키웠지만 고집스레 시들어가던 초록 식물들. 네 삶에 닿아 있는 삶의 가느다란 고리들. 기억은 선별한다. 네 행복과 밀접하게 결부되어 있던 물질의 작은 입자들 위로 사락사락 눈이 내린다. 쿠션, 모자, 실내가운, 감초사탕, 모락모락 김이 피어오르는 핫초콜릿, 초록 식물들의 고요한 빛. 이 모든 사소한 것들 몇 년 후면, 어쩌면 몇 달 후면 하얀빛 속으로 흘러 들어가 사라질 테지만 잊히지는 않을 것이다. 단지 자리를 옮기고, 그림자를 바꿀 것이다. 그것들은 더는 지상에서 살아가는 부드러움에 대해 말하지 않고, 네가 있는 그곳, 장소도 아니고 공간도 아닌, 네가 있는 그곳에서 네 영원한 삶의 생생한 이미지로 거듭날 것이다. 너를 상상한다. 핫초콜릿을 마시는 너, 낡은 보라색 실내가운을 걸친 너를 상상하지 않을 수 없다. 워크맨만이 사라졌을 뿐, 하늘의 목소리는 니체나 키르케고르, 파스칼의 목소리보다 훨씬 더 명료하고 정확하다.

'하늘의 목소리'. 때로 나는 이와 같은 것들에 대해 쓸 때, 내가 쓰는 게 무엇인지 알지 못한다. 하늘의 목소리, 나도 그걸 들을 수 있으면 좋겠지만, 지금으로서는 불가능하다. 언젠가 나도 네가 1995년 8월 12일 아침에 내디뎠던 그 작은 걸음을 따라야 할 것이다. 언젠가 나도 공기와 빛 저편으로 가야만 할 것이다. 그날이 오기 전까지, 내가 사유할 수 있는 장소는 이 땅뿐이다. '지금, 우리 죽음의 시간에'라는 오래된 기도문처럼, 지금, 이곳에서 모든 게 지나가길 기다려야 한다. 나는 오래되고 진부한 이 기도문과 촛대 밑에 녹아내린 세 조각 밀랍처럼 압축된 세 단어 — **지금, 우리**

죽음의 시간에 ― 를 좋아한다. 기도문 속의 시간은 현재와 죽음의 순간으로만 이루어져 있다. 미래는 아무것도 아니다. 과거는 아무것도 아니다. 현재의 순간이 우리가 죽는 순간과 조우할 때까지, 우리에게는 단지 현재의 순간만 주어져 있을 뿐이다. 사랑은 삶에서 가장 연약하고 부드러운 것들 가까이 머무르며 이 순간을 사용하는 가장 훌륭한 방법이다.

어느 여름날이다. 우리는 크뢰조 근처 몽토브리 호수에서 함께 물에 몸을 담그고, 나란히 헤엄을 친다. 나는 물속에서도 너에게 말을 걸지 않을 수 없다. 늘 너에게 할 말이 천 가지는 있으니까. 그리고 그 순간, 햇살 아래 물속에서 문득 너에 대한 정의가 떠오른다. 네가 어떤 정의에도 갇힐 수 없는 사람임을 알면서도, 나는 말한다. "네가 내게 어떤 존재인지 알고 싶어? 그렇다면 이렇게 말할 수 있어. 너는 내가 나 자신만으로는 충분하지 않다는 것을 느끼게 해주는 사람이야."

내게는 깊은 고독의 힘이 있어서, 나는 며칠이고, 몇 주고, 몇 달이고 혼자 지낼 수 있다. 졸음에 잠긴 듯 조용히, 스스로 충만한 신생아처럼. 하지만 네가 그 졸음에서 나를 깨웠고, 내 고독의 힘을 무너뜨렸다. 그런 네게 어떻게 감사하지 않을 수 있을까? 우리는 사랑하는 이에게 많은 것을 줄 수 있다. 말, 휴식, 기쁨 같은 것들. 하지만 네가 내게 준 것은 그 모든 것보다 더 귀한 것이었다. 그리움. 나는 너 없이는 살 수 없었고, 심지어 네가 내 곁에 있을 때조차도 여전히 그리웠다. 이중으로 잠겨 있던 내 정신의 집, 내 마음의 집에 네가 찾아와 창을 부쉈다. 그리고 그때부터 찬바람, 뜨거운 공기, 수많은 빛들이 그 안으로 밀려 들어왔다. 지슬렌, 너는 그런 사람이었다. 지금도 여전히 그렇다. 너로 인한 그리움과 공허와 고통마저도 내 안으로 들어와 나의 가장 큰 기쁨이 된다. 그리움, 공허, 고통 그리고 기쁨은 네가 내게 남긴 보물이다. 이런 보물은 결코 고갈되지 않는다. 이제 내가 해야 할 일은 죽음의 시간이 올 때까지, '지금'에서 '지금'으로 가는 것뿐이다.

네가 세상을 떠나기 사흘 전, 우리는 아직 생통드라에 있다. 네가 내게 붉은 다리까지 산책을 가자고 제안한다. 그 다리는 여름별장에서 3백 미터쯤 떨어져 있고, 이름만 붉을 뿐 실제로는 붉지 않다. 이곳은 시간이 얼마 없을 때 네가 자주 가던 산책길이다. 나는 걸으면서 너에 대한 책을 쓸 예정이라고 말한다. 바로 너에 관해서만. 그 말에 너는 미소를 짓는다 나는 이미 첫 문장도 정했다고 네게 말한다. '내가 이 생에 감사한다면, 그건 네가 있기 때문이다'라는 문장이다. 너는 걸음을 멈추고 네가 만일 세상에 없다면 뭐라고 쓸 거냐고 묻는다. 미처 생각도 하기 전에 답이 떠오른다. 나는 대답을 준비하지 않았지만, 말이 먼저 입술에 닿는다. 깊이 생각한 말은 아니지만, 그대로 둔다. 나는 언제나 말이 스스로 도착하도록 내버려두는 쪽이다. 그게 비논리적이고 흐트러진 것이어도. 내가 네게 말한다. 언젠가 네가 더는 이 세상에 없다 해도, 계속해서 이 삶에 감사하고 사랑할 것이라고. 너는 웃음을 터뜨리며 환한 목소리로 내게 말한다. "아주 좋아. 그렇게 하는 게 훨씬 좋지. 다음번 책에 그 말을 그대로 쓰겠다고 약속해줘. 그렇지 않으면 당신은 문학을 하는 거야. 문학을 해서는 절대로 안 돼, 글을 써야지. 그건 전혀 다른 거거든. 약속해." 나는 네게 약속한다. 그리고 우리는 곧바로 다른 이야기로 넘어간다. — 조금 전까지 공기를 가르며 다가오던 죽음은, 너무 멀게 느껴져 우리는 이미 그것을 잊고 있었다.

이제 곧 달력이 바뀔 것이다. 너는 1995년의 날짜 칸 안에 갇힐 테지만, 상관없다. 나는 시간 속에서 산 적이 한 번도 없었으므로. 시간 속에서 사는 사람은 아무도 없다고 나는 믿는다. 우리는 공허 속에서, 사막 안에서 살아간다. 시간 속에서 사는 것이 아니다. 우리는 사건들이 열어젖힌 빈틈 속에서 살아간다. 한 사건에서 다음 사건으로, 그 사이에는 수년이 걸리기도 한다. 그 사이에는, 공허. 하지만 완전히 공허한 것만도 아니다. 때로는 얼굴 하나, 말 한 마디, 몸짓 하나에 담긴 아름다운 빛이 불시에 나타난다. 나는 사람들의 얼굴에 깊은 관심이 있어서, 시시때때로 그들의 얼굴을 응시하곤 한다. 응시는 뒤로 물러남을 전제로 한다. 어떤 것 안에 있으면 더는 그것을 보지 못하게 된다. 그러니 우리는 삶 속에서조차 한 발 물러나 있어야 한다. 우리가 삶 속에 온전하게 있는 건 불가능하다. 삶도, 죽음도, 그것들이 우리에게 불어넣는 이 마음을 담기엔 너무나 비좁다. 우리 안에는 늘 누군가가 있다. 이곳에 없는, 바라보고 침묵하는 누군가, 인생의 사건과 무관한, 거의 무관한 누군가. 1951년 봄, 나는 세상에 왔고, 잠자기 시작한다. 1979년 가을, 나는 너를 만나고 깨어난다. 1995년 여름, 나는 일을 잃고, 뼛속까지 사무치는 한기에 떨고 있다. 온종일 내가 하던 진짜 일이란 너를 바라보고 너를 사랑하는 것이었다. 16년 동안, 그늘에 앉아 길에서 춤추는 너를 바라보았고, 그 일만으로도 나는 세상에서 가장 바쁜 남자였다.

그 길들은 여전히 그곳에 열려 있다. 그리고 이제 너는 그곳에 없다. 이따금 나는 떠올린다. 장례식 두 시간 전, 디종에서 운구하여 생통드라의 작은 성당에 네 몸이 도착하던 그 순간을. 내 생각은 일꾼들이 성당의 주 제단 근처에 놓기 위해 운구차에서 꺼내던 관 주위를 꿀벌처럼 빙글빙글 맴돈다. 그곳에서 영원히 지속될 무언가가 생겨난다. 그것은 전부도 아니고, 사소한 것도 아니다. 그것은 두 눈 속의 출혈이고, 생각과 예측의 불가능이며, 마치 규칙을 상기시키듯 불쑥 다가오는 현실이다.

나는 여전히 삶 속에 있다. 나는 여전히 한 걸음 물러나 있다. 나는 여전히 길을 응시한다. 나는 그곳에서 너와 가장 닮은 것을 본다. 불타오르고 춤추고 노래하고 희망하고 놀라게 하고 기쁘게 하는, 그래, 그것은 정말 너를 닮았다. 하지만 그것은 네가 아니다. 그리고 여전히 너이기도 하다.

흰 눈雪을 바라본다. 흰 눈을 바라보며 붉은 장미를 **본다**. 한 해의 끝자락에 내리는 흰 눈을 바라보며, 생통드라의 네 언니 집 앞에 핀 붉은 장미들을 **본다**. 지금 그 장미나무는 그저 고통에 잠긴 검은 나무에 불과하지만, 나는 붉은 장미를 떠올리는 것이 아니라, 지금 그것들을 **본다**. 그 붉음, 그 생기를, 그리 멀지 않은 곳의 그네와 넓게 펼쳐진 초록의 풀밭까지도. 한겨울인 지금, 아직 오지 않은 그러나 분명 다시 돌아올 여름밤을 본다. 나는 네가 다시는 듣지 못할 이 노래를 듣는다.

 제일 높은 나뭇가지에서 꾀꼬리가 노래했지
 노래하렴, 꾀꼬리야, 노래하렴, 꾀꼬리야
 네 마음은 즐겁구나, 내 마음은 울고 있단다

지슬렌, 내 심장은 울기 위해 있는 것이 아니다. 하지만 흰 눈 밑에 붉은 장미가 있듯 눈물 밑에 웃음이 있다면, 생의 그 어떤 것도 헛되지 않다. 이 삶에서 우리에게 달린 것은 아무것도 없다. 삶은 우리에게 주어진 것이고, 그와 함께 우리는, 죽음이 우리에게서 앗아갈 것보다 훨씬 더 많은 것을 받는다. 나는 한없이 쌓인 검은 눈 밑에서 한층 홀가분해진다. 이 책을 떠날 시간이 되었고, 나는 미소를 짓는다. 말해야 할 시간이 있고, 침묵해야 할 시간이 있다. 나는 침묵하며 이번 겨울을 보내려 한다. 침묵 속에서만 붉은 장미에 다가갈 수 있다. 내 마음에 검은 나무의 고통이 있으나, 나는 이 모든 것이 붉고 환하게 변하도록 두려 한다. 네가 있는 곳에 대해서 나는 조금도 의심하지 않는다. 붉은 장미의 심장 속에 네가 감춰져 있다는 것을. 묘지에 가면 네 무덤을 바라본다. 무덤은 이름들로 가득 덮여 있다. 그 순간, 나는 아무 생각도 하지 않는다. 진부한 것들만이 머리에 떠오른다. 네가 내 발밑 2미터 아래, 2미터나 3미터 아래에 있다는 생각이 들지만, 잘 모르겠다. 나는 내가 생각하는 걸 믿지 않는다. 깨달음은 돌아서는 순간 찾아온다. 광활하게 펼쳐진 풍경 속에, 땅과 하늘이 나누지 않는 그 아름다움 속에, 지평선 어디에나 네가 있다는 것을. 나는 네 무덤에서 등을 돌리고 나서야, 비로소 너를 본다.

지슬렌, 이제는 안다. 이제야 네 뜻을 안다. 그러므로 나는 네가 없는 삶을 여전히 축복하고, 계속해서 사랑할 것이다. 나는 점점 더 깊이 이 삶을 사랑한다. 그러한 사랑이 맑은 샘가에서, 궁전 계단에서 노래가 되어 흘러나온다.

월계수가 잘렸네
월계수가 잘린 건 좋은 일이지
월계수 가지를 주우러 숲으로 가자
매미가 그곳에서 자고 있다면
다치지 않게 해야 해
꾀꼬리 노래가
매미를 깨울 테니까

이중의 사랑 기록

김연덕 시인

"온종일 내가 하던 진짜 일은 너를 바라보고 너를 사랑하는 것이었다. 16년 동안, 그늘에 앉아 길에서 춤추는 너를 바라보았고, 그 일만으로도 나는 세상에서 가장 바쁜 남자였다." (95p)

크리스티앙 보뱅이 1979년 가을에 처음 만난 여자, 그로부터 줄곧 그가 가장 바쁘고도 고요한 방식으로 사랑한 여자, 『작은 파티 드레스』(1984Books, 2021)의 마지막 장인 「작은 파티 드레스」에서 자신에게 '진정한 건강인 열병'을 가져다주었다고 기록해 둔 여자, 지슬렌에 관한 원고를 읽는다. 1995년 여름 파열성 뇌동맥류로 세상을 떠난 그녀의 이야기를, 1995년 봄에 태어난 내가 뒤늦게 읽는다. 어떤 문장도 의미도 덧붙이고 싶지 않은, 그림자보다 가볍고 단순한 우연. 겨울빛처럼 조금 긴장된 공기 속에서, 겨우 다섯 달 동안 나와 같은 시대를 살다 간 그녀가 내게도 부드럽고 확실하게 다가온다.

　지슬렌은 프랑스어 교사였으며 두 번 결혼했고, 세 아이의 엄마였다. 사랑과 자유라는 두 전쟁 사이에서 500년 동안의 행복을 위한 5분짜리 산책을 즐겼고, 아이의 눈높이에 맞추어 레오나르도 다빈치의 그림이 인쇄된 달력을 걸었으며, 날아다니는 기쁨을 붙잡을 줄 알지만, 슬픔에게 다정히 문을 열어주기 위해 곧장 다시 돌려보내던 사람, '사랑 안에서 빛나는 자유'를 놓치지 않던 사람이다. 보뱅은 얼핏 들으면 상반되는 형용사들을 사용해 지슬렌을 묘사하는데, 그에 의하면 지슬렌은 '가장 느렸고 가장 빨랐던' 사람, '절망과 사랑과 쾌활함이 뒤섞인' 삶을 살았던 사람, '부드러움'과 함께 '가슴을 죄는 초조함'을 함께 갖고 있던 사람이다. 빛 속으로 달아나는 그녀는 여전히 반항적이고, 젊으며, 절망하는 사랑을 생생히 지속함으로 잡히지 않는다.

　이렇듯 보뱅은 지슬렌을 특정한 의미나 이미지의 그물망 안에 가두지 않는데, 사랑 속에서 자유롭던 지슬렌이 이 '작은 글의 정원'에서도 누구보다 자유롭게 활보하는 듯하다. 그녀는 소설이나 과거 시제로도 남지 않으며, 고정되지 않은 채로 선명하다. 사랑에 대한 답을 내리는 대신 질문함으로 사랑에 영원히 머무르던 지슬렌처럼, 보뱅 역시 끝없는 질문으로, '지금'에서 '지금'으로 가는 식으로만 지슬렌을 남겨둔다.

　나는 이 책에서 동시에 발산되고 있는 두 사랑들을 보았다. 삶 전체를 향한 지슬렌의 사랑, 그리고 그런 지슬렌을 향한 보뱅의 사랑. 지슬렌이 세상을 사랑한 방식대로, 지슬렌의 독특하고 투명한 사랑법대로 보뱅은 지슬렌을 사랑한다. 지슬렌이 최악의 곳에서도 찬탄할만한 소재를 찾았듯, 보뱅은 지슬렌을 잃고도 눈과 라일락과 태양 속에서, 책 제목과 지평선과 일상의 자질구레한 모든 것들에서 지슬렌을 본다. 세상 곳곳에 사랑을 베풀며 한 곳에 고여있던 사랑을 움직여 내던 지슬렌의 태도를, 반대로 보뱅은 지슬렌에 대한 사랑으로 증명해낸다. 죽음처럼 강하고 묵묵하고 섬세한 사랑의 결로, 보뱅은 지슬렌이 떠난 뒤에도 '여전히 삶을 사랑할 것'이라고 말한다. 지슬렌이 없다는 '끝없는 결핍'과 곳곳에서 여전히 지슬렌을 발견할 수 있다는 '충만함' 사이에서, 부드럽고 난폭한 두 전쟁 사이에서 보뱅은 사랑을 포기하지 않는다. 지슬렌이 로댕의 <키스> 작품이 인쇄된 엽서 뒷면에 '나는 모든 삶이 이처럼 숭고한 입맞춤이었으면 좋겠어. (…) 만일 이 입맞춤이 충만함과 끝없는 결핍을 함께 끌어안을 수 있다면, 우리는 모든 것을 얻은 셈이 아닐까?'라는 문장들을 눌러 적었듯이. 시작은 따로따로였지만 결국에는 이 이중의 사랑들은 하나가 된다.

삶을 사랑하는 사람을 사랑하는 사람의 글. 그리고 나는 이 사람들을 사랑하는 글을 쓰고 있다. 이중의 사랑의 기록들을 따라가며, 삼중의 사랑이 차가운 동심원처럼 숲처럼 피져나가는 것을 느끼며 내내 피곤한 미로 속을 헤맸다. 그 안에서 점차 단순해지고 맑아지는 무언가를 느끼면서, 보뱅은 말했다. '조야한 시각으로 보면, 네 삶은 파란만장하고 수많은 이야깃거리로 가득했다고 말할 수 있으나 그러한 시각은 불완전하고 빈약할 뿐이다. 모든 건 훨씬 더 단순했다. 네 삶에는 이야깃거리가 거의 없었고, 너는 너의 사랑 이야기 속에서 오직 사랑만을 취했을 뿐이다.' 보뱅 역시 그의 사랑 이야기 속에서 오직 사랑만을 취했다.

지슬렌이 보뱅에게 사랑의 자세와 순간과 고통과 고갈되지 않는 행복을 건네주었듯, 나는 보뱅의 글에서 번져 나온 빛으로 내 삶을 사랑할 수 있을 것 같다. '비이성적이고, 성가시고, 설명할 수 없고, 광기 어리고, 감탄을 자아낼 만큼 미친' 사랑을, 용기 내어 할 수 있을 것 같다. 이 책을 읽는 이들 모두에게도 이 고요하고 놀라운 사랑의 힘이, 종잡을 수 없이 가닿았으면 좋겠다.

옮긴이 김도연

한국외대 불어과와 동 대학원에서 프랑스어를 전공하고 파리 13대학에서 언어학 박사과정을 수료했다. 지금은 독자들에게 좋은 책을 소개하고 싶은 마음에 책을 기획하고 만드는 일을 하고 있다. 옮긴 책으로는 『마지막 욕망』 『가벼운 마음』 『그리움의 정원에서』 『다른 딸』 『나의 페르시아어 수업』 『라플란드의 밤』 『내 손 놓지 마』 『내 욕망의 리스트』 등이 있다.

그리움의 정원에서 LA PLUS QUE VIVE

1판 1쇄	2021년 12월 15일
2판 1쇄	2025년 7월 1일

지은이	크리스티앙 보뱅
옮긴이	김도연
펴낸이	신승엽
펴낸곳	1984BOOKS

편집	신승엽
디자인	신승엽

주소	전북 익산시 창인동 1가 115-12
이메일	1984books.on@gmail.com
전화	010-3099-5973
팩스	0303-3447-5973

www.instagram.com/livingin1984
ISBN 979-11-90533-67-6 03860

잘못된 책은 구입하신 서점에서 교환해 드립니다.

1984BOOKS